EL ESPÍRITU SANTO Y SU OBRA

Daniel Del Vecchio

El Espíritu Santo y su obra
Daniel Del Vecchio. 2019
Primera edición: 1970

ÍNDICE

CAPÍTULO 1

Sed llenos del Espíritu

La necesidad más grande de la Iglesia de Jesucristo en la actualidad es un bautismo poderoso del Espíritu Santo. Billy Graham, en una reunión de ministros en California, EE.UU., dijo: "Yo creo que ha llegado el tiempo de dar al Espíritu Santo su debido lugar en nuestra predicación, en nuestra doctrina y en nuestras iglesias. Necesitamos volver a estudiar lo que dijo San Pablo: "Sed llenos del Espíritu". Es preciso aprender otra vez lo que significa ser bautizado con el Espíritu Santo".

El único programa que va a transformar ciudades es el programa de Dios de predicar la Palabra con demostración y poder, no con la sabiduría de hombres. La iglesia, el cuerpo místico de Cristo en este mundo, debe ser limpia y santa, y tan llena del Espíritu de Dios, que reconciliará el corazón y la mente del pueblo con Él. Nada, fuera del poder sobrenatural del Espíritu de Dios, podrá hacer eso.

1. Necesitamos el Espíritu Santo para recibir poder

En su última conversación con sus discípulos, Cristo les mandó: "Que no se fuesen de Jerusalén, sino que esperasen la promesa del Padre". "Pero recibiréis poder cuando el Espíritu Santo venga sobre vosotros; y me seréis testigos en Jerusalén, en toda Judea y Samaria, y hasta los confines de la tierra". (Hechos 1:8).

No fueron enviados a predicar, enseñar u organizar denominaciones, sino a esperar el derramamiento del Espíritu Santo y poder. Así que es preciso recibir el bautismo del Espíritu Santo para recibir poder y ser un testigo de Jesucristo, para poder dar pruebas de la verdad predicada.

"Y las multitudes unánimes prestaban atención a lo que Felipe decía, al oír y ver las señales que hacía". (Hechos 8:6).

Está escrito de los apóstoles que el Señor obró con ellos, y confirmaba la palabra con las señales que les seguían. El bautismo del Espíritu nos confiere el potencial de ser unos testigos poderosos, sanando los enfermos y echando fuera demonios. El bautismo del Espíritu no es un fin en sí, sino una puerta por la cual podremos entrar y así poseer los dones del Espíritu y el poder de lo alto.

Muchos han sido engañados y desanimados, pensando que en el momento de su conversión recibieron el bautismo del Espíritu y no entienden la causa por la cual no tienen el poder que Cristo prometió. No gozan de la vida vencedora en Cristo y a veces sufren las luchas y flaquezas de una vida sin el Espíritu.

Con nuestra conversión o regeneración, somos bautizados en el cuerpo de Cristo y hechos participantes de la familia de Dios.

"Y porque sois hijos, Dios ha enviado el Espíritu de su Hijo a nuestros corazones, clamando: ¡Abba! ¡Padre! (Gálatas 4:6). Recibiendo a Cristo por fe, somos hechos partícipes del Espíritu de Cristo, recibiendo así la naturaleza de Dios y hechos nuevas criaturas.

"Pero si alguno no tiene el Espíritu de Cristo, el tal no es de Él". (Romanos 8:9).

"Porque tres son los que dan testimonio en el cielo: el Padre, el Verbo (Cristo) y el Espíritu Santo, y estos tres son uno". (1 Juan 5:8).

"Es evidente que ser nacido de nuevo por el poder del Espíritu Santo y la Palabra es algo muy distinto que ser bautizado con el Espíritu Santo. Un hombre puede ser regenerado por el Espíritu Santo, y aun así no ser bautizado con el Espíritu Santo. En el nuevo nacimiento, hay una impartición de vida por el poder del Espíritu, y él que lo recibe es salvo. En el bautismo del Espíritu Santo, hay una investidura de poder, y él que lo recibe es preparado para el servicio de Dios." (Dr. R. A. Torrey del libro "La presencia y la obra del Espíritu Santo").

Con el bautismo del Espíritu, recibimos la presencia de la tercera persona de la Trinidad, el Espíritu Santo.

El bautismo del Espíritu no es simplemente un fervor o emoción que sentimos de vez en cuando, sino una realidad permanente que habita en nuestro cuerpo, haciéndonos así los templos del Espíritu Santo.

Después del avivamiento en Samaria, y a causa del testimonio de Felipe, muchos creyeron y fueron bautizados en agua. Estos creyentes después de haber recibido a Cristo como Salvador personal fueron enseñados a buscar y recibir la promesa del Espíritu Santo.

"Cuando los apóstoles que estaban en Jerusalén oyeron que Samaria había recibido la Palabra de Dios, les enviaron a Pedro y a Juan, quienes descendieron y oraron por ellos, para que recibieran el Espíritu Santo, pues todavía no había descendido sobre ninguno de ellos, sólo habían sido bautizados en el nombre del Señor Jesús. Entonces les imponían las manos, y recibían el Espíritu Santo". (Hechos 8:14-17).

Notemos que, aunque habían creído y fueron bautizados con agua, aún no habían recibido el Espíritu Santo. Similar hecho ocurrió en el ministerio de San Pablo en Éfeso. "... y encontró a algunos discípulos y les dijo: ¿Recibisteis el Espíritu Santo cuando creísteis? (Notemos la importancia que dio Pablo al bautismo en el Espíritu)... Y ellos le respondieron: No, ni siquiera hemos oído si hay un Espíritu Santo". (Hechos 19:1,2). Estos hermanos en Éfeso eran creyentes y discípulos de Cristo, sin embargo, como muchos hoy en día, no conocían su necesidad de recibir el Espíritu Santo. San Pablo prosiguió el mismo curso de acción que habían seguido los apóstoles en

Samaria, con los mismos resultados. "Y cuando Pablo les impuso las manos, vino sobre ellos el Espíritu Santo, y hablaban en lenguas y profetizaban". (Hechos 19:6).

Aquí vemos claramente que la señal de lenguas sigue al bautismo del Espíritu Santo como sucedió en el día de Pentecostés, y asimismo en la casa de Cornelio. "Y los fieles de la circuncisión que habían venido con Pedro se quedaron atónitos de que también sobre los gentiles se derramase el don del Espíritu Santo. Porque los oían que hablaban en lenguas, y que magnificaban a Dios". (Hechos 10:45,46).

Ya habían transcurrido muchos años desde el día de Pentecostés y todavía Dios daba la señal de lenguas. En ninguna parte de la Santa Biblia podemos encontrar dónde este don fue quitado de la Iglesia; al contrario, Cristo dijo que iba a ser señal hasta el fin de la dispensación de la Iglesia. "Y estas señales acompañarán a los que han creído: en Mi nombre echarán fuera demonios, hablarán en nuevas lenguas". (Marcos 16:17).

Al establecer el orden del culto, San Pablo afirmó: "Por tanto, hermanos míos, anhelad el profetizar, y no prohibáis hablar en lenguas". (1 Corintios 14:39). El modelo de un culto se encuentra en 1 Corintios 14:26-28.

2. El Espíritu Santo toma el lugar de Cristo

"Y Yo rogaré al Padre, y Él os dará otro Consolador para que esté con vosotros para siempre. No os dejaré huérfanos; vendré a vosotros". (Juan 14:16,18).

Cuando Cristo habló de Su regreso al Padre, los corazones de sus discípulos se llenaron de tristeza. La falta de la presencia de Cristo debe llenar a cualquier creyente de esa misma tristeza. Dios, en su sabiduría y amor divino, tuvo un gran plan por el cual todo creyente puede gozar de la presencia permanente del Espíritu Santo. El Señor prometió "Vendré a vosotros". Cristo no dejó la obra de la evangelización del mundo, a un grupo de discípulos, ni a Pedro, sino a la persona del Espíritu Santo. La promesa de la venida de Cristo en la persona del Espíritu Santo animó a los discípulos y fueron llenos de gozo. "Ellos, después de adorarle, regresaron a Jerusalén con gran gozo". (Lucas 24:52).

Tras la venida de la Promesa del Padre, Cristo no estuvo limitado a los confines de un cuerpo humano, sino que siguió sanando y obrando milagros a través de sus discípulos. Por el poder del Espíritu, las mismas obras fueron hechas cuando los creyentes invocaban Su nombre. El mismo Espíritu que habitaba en Cristo, ahora había venido a morar en sus creyentes. "Y ellos saliendo, predicaron en todas partes, obrando con ellos el Señor, y confirmando la palabra con las señales que se seguían".

La promesa del Espíritu Santo es para usted, recíbalo por fe ahora mismo. Jesús dijo: "Si alguno tiene sed, que venga a mí y beba". (Juan 7:37). Pedro declaró: "Porque la promesa es para vosotros y para vuestros hijos y para todos los que están lejos; para tantos como el Señor nuestro Dios llame". (Hechos 2:39).

La causa por la cual muchos creyentes se enfrían o dejan al Señor es la falta de intimidad con Dios. Con el don del Espíritu Santo podemos cultivar una relación de hijos y amigos de Cristo. El consolador o ayudante, desea glorificar a Cristo y acercarnos más a Él. Para conocer a Cristo y mantener esa relación íntima, es necesario orar en el Espíritu y estudiar su Palabra. El enemigo de nuestras almas quiere robarnos esa intimidad para separarnos de Dios. Muchos solamente sienten a Dios en los cultos públicos y no practican su presencia en sus devociones diarias. Uno de los beneficios más preciosos que viene con el bautismo del Espíritu Santo es el de cultivar una relación de intimidad con Cristo.

El Espíritu Santo es el vicario de Cristo en la tierra y Él quiere morar con nosotros y llevarnos a conocer más y más de la verdad que liberta.

3. El Espíritu Santo viene para glorificar a Cristo

Del mismo modo que Jesús vino para hacer las obras de Dios y para glorificar al Padre, asimismo el Espíritu Santo ha venido a glorificar a Cristo.

"Él me glorificará, porque tomará de lo mío y os lo hará saber". (Juan 16:14).

La morada y el control del Espíritu Santo en el creyente, también glorifica a Cristo. Por tanto, somos responsables delante de Dios de ser llenos, controlados y guiados por el Espíritu Santo. Un cristiano lleno del Espíritu será mucho más útil que cien cristianos carnales sin Él. Cuanto más Dios pueda poseer de nosotros, tanto más piadosos y útiles seremos para Él.

El Espíritu Santo no ensalza al hombre, sino que glorifica a Cristo. Cuando humildemente buscamos sólo la gloria de Dios, cuando todo egoísmo y orgullo es crucificado, entonces el Espíritu Santo podrá glorificar a Cristo por medio de nuestras vidas. Como expresó Juan el Bautista: "Es necesario que Él crezca, y que yo disminuya". (Juan 3:30).

4. Necesitamos el Espíritu para hacer las obras de Cristo

"En verdad, en verdad os digo: él que cree en mí, las obras que yo hago, él las hará también; y aún mayores que éstas hará, porque yo voy al Padre". (Juan 14:12).

Esta declaración de Cristo ha sido gravemente discutida y malinterpretada por la Iglesia. Es una declaración sencilla y debe ser interpretada exactamente como está escrita.

La Iglesia ha hecho mil cosas que nunca le fue mandada que hiciera, y ha descuidado el mandato del Señor. Los discípulos no trataron de dar un significado oscuro a esta promesa, sino sencillamente actuaron con su fe, y vieron el cumplimiento de las palabras de Cristo.

Las obras de Cristo eran evidentes en el ministerio de hombres de Dios, como fue el caso de Felipe. "Y las multitudes unánimes prestaban atención a lo que Felipe decía, al oír y ver las señales que hacía. Porque de muchos que tenían espíritus inmundos, éstos salían de ellos gritando a gran voz; y muchos que habían sido paralíticos y cojos eran sanados". (Hechos 8:6,7).

El mismo poder sanador de Cristo obró en sus discípulos, llenándoles y revistiéndoles del poder de lo alto. La Biblia dice que Felipe era "lleno de fe y del Espíritu Santo". El Espíritu Santo habiendo cambiado a Simón (una caña) en Pedro (una roca), usó aún a su sombra para hacer grandes prodigios y milagros. "A tal punto que aún sacaban los enfermos a las calles y los tendían en lechos y camillas, para que al pasar Pedro, siquiera su sombra cayera sobre alguno de ellos... y todos eran sanados". (Hechos 5:15,16).

Este gran poder que tuvieron los apóstoles de antaño no ha disminuido ni ha sido quitado de la Iglesia, sino que es ofrecido a todo aquel que es lleno del Espíritu. Por los dones del Espíritu, dados a la Iglesia, podemos hacer las obras de Cristo y continuar su ministerio en la tierra.

Hemos sido llamados a hacer las obras de Dios. El Señor tiene un plan individual para cada hijo suyo. Esas obras incluyen enseñar, sanar, consolar, suplir las necesidades de los hambrientos, y cuidar a las viudas y a los huérfanos. Como afirma Santiago: "La religión pura y sin mácula delante de Dios el Padre es esta: Visitar a los huérfanos y a las viudas en sus tribulaciones, y guardarse sin mancha del mundo". (Santiago 1:27).

5. Necesitamos el Espíritu Santo para guiar y dirigir nuestras vidas

"Pero cuando Él, el Espíritu de verdad, venga, os guiará a toda la verdad, porque no hablará por su propia cuenta, sino que hablará todo lo que oiga; y os hará saber que habrá de venir". (Juan 16:13).

La Iglesia, el cuerpo místico de Cristo, debe ser dirigida por la cabeza, Cristo Jesús. El Señor gobierna y dirige a través de la voz y el poder del Espíritu Santo. Los errores y doctrinas de demonios que han entrado en la Iglesia han hecho su aparición por las puertas de la carnalidad y sabiduría de los hombres. Si no somos controlados y guiados por el Espíritu, fracasaremos en nuestra vida cristiana y caeremos en el lazo del enemigo. Necesitamos oír la voz del Espíritu en nuestros corazones y ser sensibles a Su voz.

Un hecho indudable es que la Iglesia primitiva era dirigida por el Espíritu Santo. Para ilustrar esto, vamos a mencionar un ejemplo en la vida de Felipe, en la de Pedro y en la de Pablo.

- "Y el Espíritu dijo a Felipe: Ve y júntale a ese carruaje". (Hechos 8:29).
- "Y mientras Pedro meditaba sobre la visión, el Espíritu le dijo: Mira tres hombres te buscan". (Hechos 10:19).

No solamente eran dirigidos por el Espíritu, sino también eran prohibidos por Él.

- "Pasaron por la región de Frigia y Galacia, habiendo sido impedidos por el Espíritu Santo de hablar la palabra en Asia". (Hechos 16:6).

Aquí vemos el poder del Espíritu dirigiéndoles hacia un campo misionero y prohibiéndoles entrar en otro. Los apóstoles seguramente debían su gran éxito a la dirección del Espíritu Santo, quien nunca comete errores, y siempre nos guía por sendas de justicia por amor de Su nombre. (Salmo 23:3). Cuando somos impetuosos e impacientes, podemos equivocarnos y no ser sensibles a la voz del Espíritu Santo.

6. El Espíritu Santo nos ayuda y fortalece en oración

"Y de la misma manera, también el Espíritu nos ayuda en nuestra debilidad; porque no sabemos orar como debiéramos, pero el Espíritu mismo intercede por nosotros con gemidos indecibles; y aquel que escudriña los corazones sabe cuál es el sentir del Espíritu, porque Él intercede por los santos conforme a la voluntad de Dios". (Romanos 8:26,27).

El Espíritu nos ayuda en nuestra debilidad porque no sabemos orar o pedir como conviene. Conociendo nuestros corazones y la voluntad del Padre, intercede por nosotros (los santos) con gemidos indecibles. Esto significa que hay una oración tan profunda, que solamente con gemidos del Espíritu puede ser expresada. El cristiano sin el Espíritu y no santificado, no puede entender esta maravilla, pero si está lleno y es controlado por Dios, le es tan natural como la respiración.

El mismo Jesús que se conmovió ante la tumba de Lázaro, lloró sobre Jerusalén y estuvo en oración de agonía en Getsemaní, es él que intercede por nosotros en el Cielo.

- Para los creyentes que tienen la mente de Cristo, la oración es intensificada por el Espíritu de súplica y oración.
- Sin la oración en el Espíritu, tendremos poca influencia en el reino de Dios y poco poder en nuestra predicación o testimonio.
- Sin el poder del Espíritu no podemos orar la oración de fe. (Compárese Santiago 5:15).
- Sin el poder del Espíritu no podremos permanecer firmes en la oración hasta que venga la respuesta.

Además de gemidos indecibles, el Espíritu nos impulsa a orar en lenguas para nuestro crecimiento espiritual. "Él que habla en lenguas, a sí mismo se edifica". (1 Corintios 14:4). "Porque si yo oro en lenguas, mi espíritu ora, pero mi entendimiento queda sin fruto. Entonces ¿Qué?

Oraré con el Espíritu, pero también oraré con el entendimiento". (1 Corintios 14:14,15).

Por supuesto, el Espíritu dirige nuestros pensamientos para que podamos orar según el Espíritu, sin embargo, hay momentos que no sabemos cuál es su intención.

7. Necesitamos el Espíritu Santo para adorar a Dios

Además de la oración en el Espíritu, la adoración en el Espíritu es exigida en la Palabra de Dios.
El Señor mismo declaró: "Dios es Espíritu, y los que le adoran deben adorarle en espíritu y en verdad". (Juan 4:24). San Pablo muestra la distinción entre cantos espirituales y cantos con el entendimiento: "Cantaré con el espíritu, pero también cantaré con el entendimiento". (1 Corintios 14:15). "Hablando entre vosotros con salmos, himnos y cantos espirituales". (Efesios 5:19). Nuevamente vemos la distinción entre "salmos", "himnos" y "cantos espirituales". "Cantos espirituales" son los cantos de alabanza al Señor impulsados y dados por el Espíritu. Cantar en el Espíritu puede incluir cantar en lenguas desconocidas, y aunque nuestro entendimiento queda sin fruto, nuestro espíritu alaba a Dios.

8. El Espíritu Santo imparte los dones en el creyente

Los dones espirituales son las manifestaciones del Espíritu que mora en el creyente. Sin el bautismo en el Espíritu Santo, no podemos poseer sus dones. Los frutos del Espíritu comienzan a ser manifestados desde nuestra conversión, pero los dones vienen con la venida del Dador, el "Espíritu Santo".

Los frutos del Espíritu (ver Gálatas 5:22,23) son el resultado de una vida entregada y dirigida por Cristo. Los dones del Espíritu son impartidos a los creyentes según Su voluntad, repartiendo a cada uno como Él quiere. Somos exhortados a procurar los dones espirituales, por lo cual entendemos que el que los procura y anhela, también los recibirá.

Los dones se dividen en tres partes: Los dones de revelación, los dones de expresión y los dones de poder.

1. Dones de Revelación

· Palabra de sabiduría.
· Palabra de ciencia.
· Discernimiento de espíritus.

2. Dones de Expresión

· Profecía.
· Géneros de lenguas.
· Interpretación de lenguas.

No debemos confundir nunca el don de "géneros de lenguas" con la "señal de lenguas" que recibimos con el bautismo en el Espíritu Santo. El don de géneros de lenguas es para uso en la Iglesia, pero va juntamente con el don de interpretación de lenguas para la edificación de los que estén presentes. (Ejemplo: Un mensaje primero en lenguas y luego la interpretación).

3. Dones de Poder

- Don de fe.
- Dones de sanidades.
- Operación de milagros.

En el capítulo ocho profundizaremos en este tema de los dones del Espíritu y lo desarrollaremos más ampliamente. Por ahora basta con decir que los dones son dados para la edificación y perfección de la Iglesia. Sin la operación de estos, la Iglesia será impotente e incompleta en muchos aspectos. Los dones deben ser manifestados en el cuerpo de Cristo hasta la terminación de la dispensación del Espíritu Santo. Esto sucederá en la segunda venida de Jesucristo.

Para una mayor claridad acerca de la manifestación de los dones, se sugiere la lectura de las anotaciones en la Biblia Pentecostal en 1 Corintios 12.

CAPÍTULO 2

LA PROMESA DEL PADRE

El Espíritu Santo es eterno; tal como lo es el Padre y el Hijo, y Sus obras fueron manifestadas desde la creación del mundo. El Espíritu Santo es la plenitud de la Divinidad en Su poder operativo y fue y es el agente en toda la creación del universo. Él es el "dedo de Dios" que creó las expansiones del cielo, excavó los abismos del mar y colocó las estrellas y el sol en sus respectivas órbitas. "En el principio creó Dios los cielos y la tierra... y el Espíritu de Dios se movía sobre la superficie de las aguas". (Génesis 1:1,2).

El Espíritu Santo en el Antiguo Testamento

En el Antiguo Testamento el Espíritu Santo obró en el mundo, hablando por la boca de sus profetas, haciendo milagros y maravillas por las manos de sus siervos escogidos. El Espíritu Santo no era dado a todos, sino a personas escogidas para una misión especial. El Espíritu Santo ungió a Moisés y a los ancianos en el desierto, y obró los dones en ellos.

- "Y tomó del Espíritu que estaba sobre él (Moisés) y lo colocó sobre los setenta ancianos. Y sucedió que cuando el Espíritu reposó sobre ellos, profetizaron; pero no volvieron a hacerlo más". (Números 11:25).

- "Y el Espíritu del Señor vino sobre Gedeón". (Jueces 6:34).
- "Y el Espíritu del Señor comenzó a manifestarse en él (Sansón)". (Jueces 13:25).

También vino sobre Su siervo David, el gran profeta y escritor de los Salmos.

El derramamiento del Espíritu Santo en el Nuevo Testamento

En la dispensación del Espíritu Santo que comenzó en el día de Pentecostés, Su presencia nos es dada como la que habita en nosotros y mora con nosotros. Además, en esta dispensación, la promesa del Espíritu Santo es para todo creyente en Cristo. El profeta Joel, el gran profeta de Pentecostés, declaró: "Y sucederá que después de esto, derramaré mi Espíritu sobre toda carne, y vuestros hijos y vuestras hijas profetizarán, vuestros ancianos soñarán sueños, vuestros jóvenes verán visiones. Y aún sobre los siervos y las siervas derramaré mi Espíritu en esos días". (Joel 2:28,29).

Las palabras "siervos y siervas" significan que este don celestial será derramado sobre los pobres y humildes y no solamente sobre algunos escogidos como en los días del Antiguo Testamento. San Pedro afirmó: "porque la promesa es para vosotros y para vuestros hijos, y para todos los que están lejos; para tantos como el Señor nuestro Dios llame". (Hechos 2:39).

La Promesa del Padre fue predicha por el profeta Isaías cuando dijo: "En verdad, con tartamudez de labios y en lengua extranjera, Él hablará a este pueblo, al cual había dicho: Aquí hay reposo, dad reposo al cansado; y aquí hay descanso". (Isaías 28:11,12). Esta profecía está siendo cumplida desde el día de Pentecostés, cuando el don de lenguas fue dado a la Iglesia con la venida del Espíritu Santo. San Pablo confirmó esto cuando dijo: "En la ley está escrito: Por hombres de lenguas extrañas y por boca de extraños hablaré a este pueblo, y ni aún así me escucharán, dice el Señor. Así que las lenguas son una señal, no para los que creen, sino para los incrédulos". (1 Corintios 14:21,22).

Los discípulos en obediencia a Cristo esperaron la promesa del Padre como les fue mandado. Cristo dio gran importancia a la venida del Espíritu cuando les ordenó: "Y he aquí, yo enviaré sobre vosotros la promesa de mi Padre; pero vosotros, permaneced en la ciudad hasta que seáis investidos con poder de lo alto". (Lucas 24:49).

Cristo es el bautizador en el Espíritu Santo. Isaías se refirió a Él cuando dijo: "He aquí, un rey (Cristo) reinará con justicia... y será aquel varón como escondedero contra el viento, y como refugio contra el turbión; como arroyos de agua en tierra de sequedad, como sombra de gran peñasco en tierra calurosa". (Isaías 32:1,2). Cristo se refirió a esta escritura y a la de Isaías 44:3 en su exclamación en San Juan 7:37,38. "Y en el último día el gran día de la fiesta, Jesús puesto en pie, exclamó en alta voz, diciendo: Si alguno tiene sed, que venga a Mí y beba. Él que cree en Mí, como ha dicho la Escritura: De lo más profundo de su ser brotarán ríos de agua viva".

San Juan el Bautista anunció la venida del que bautiza con el Espíritu Santo en su predicación en la ribera del Jordán. Esta gran voz en el desierto guio a sus creyentes hacia la fuente de agua viva. "Yo a la verdad os bautizo con agua para arrepentimiento, pero él que viene detrás de mí es más poderoso que yo; Él os bautizará con el Espíritu Santo y con fuego". (Mateo 3:11).

¡Oh, si las Iglesias de hoy escucharan la voz de Juan el Bautista y recibieran este bautismo en el Espíritu Santo y fuego! Es el Espíritu Santo quien da poder y habilidad; el fuego es lo que purifica a los hijos de Dios y les capacita hacia un sacerdocio real. ¡Fue el fuego que ardió en los huesos del profeta Jeremías, haciendo sus labios arder con la Palabra de Dios! Fue el fuego ardiendo en los corazones de los apóstoles, el que les impulsó a esparcir el fuego de avivamiento y evangelización por todas partes. El fuego en San Pablo transformó ciudades, afirmó grupos de creyentes y los impulsó a seguir a Cristo, siendo perseguido atormentado y afligido. ¡Los mártires ardiendo con el fuego del Espíritu, no hicieron caso al fuego que consumía sus cuerpos!

¡Oh, si la Iglesia en su indiferencia y apostasía fuera nuevamente encendida con el fuego de Pentecostés!

Toda la escoria y mundanalidad sería quemada con el Santo fuego que procede del trono de Dios. La Iglesia ha tratado de evangelizar al mundo con su propia fuerza carnal, levantando grandes y lujosos edificios, hospitales, etc. y ha fracasado miserablemente. En la actualidad hay millones de almas que nunca han oído la Palabra de Dios. ¡El comunismo, el Islam y las religiones falsas y satánicas están devorando las multitudes, mientras la Iglesia duerme en su apatía espiritual! Sin el fuego del Espíritu la luz del Evangelio se apaga y será vencido por las tinieblas. ¡Sumerja usted su antorcha en el aceite del Espíritu, enciéndala con el fuego de la oración, y levántela en alto, y alumbrará al mundo tenebroso!

El Espíritu Santo como consolador

En Sus últimas horas con Sus discípulos, nuestro Señor hizo gran énfasis sobre la venida del Consolador. Él sabía que sin su poder seríamos impotentes e incapaces de ganar las multitudes para Cristo. "Y Yo rogaré al Padre, y Él os dará otro Consolador para que esté con vosotros para siempre; no os dejaré huérfanos, vendré a vosotros". (Juan 14:16-18).

Cristo prometió que la tristeza que había inundado los corazones de sus discípulos sería cambiada en gozo con la venida del Espíritu Santo. Él dijo: "Pero os digo la verdad: os conviene que me vaya: porque si no me voy, el Consolador no vendrá a vosotros, pero si me voy, os lo enviaré". (Juan 16:7).

El Espíritu haciendo las obras de Cristo a través de nosotros

Con la vuelta de Jesús al Padre, Su obra redentora iba a ser multiplicada millones de veces por medio de los creyentes llenos del poder del Espíritu. De esta manera, Cristo no quedaría limitado por su propio cuerpo, sino que estaría en sus discípulos donde quiera que estuviesen. Sus mismas obras, e incluso mayores, iban a ser manifestadas con la venida del Espíritu Santo.

Cristo confirmó que el Espíritu Santo continuaría Su obra de redargüir al mundo de pecado, de justicia y de juicio. Él regeneraría al creyente, poniendo las leyes de Dios en su corazón y escribiéndolas en su mente. Cristo le prometió a usted: "En verdad, en verdad os digo: él que cree en Mí, las obras que Yo hago, él las hará también; y aún mayores que éstas hará, porque Yo voy al Padre". (Juan 14:12).

El Espíritu Santo ha sido prometido por los profetas, ofrecido por Cristo nuestro Señor, y está en esta misma hora esperando venir a morar en usted. "Os daré corazón nuevo, y pondré espíritu nuevo dentro de vosotros; y quitaré de vuestra carne el corazón de piedra, y os daré un corazón de carne. Y pondré dentro de vosotros mí Espíritu, y haré que andéis en mis estatutos, y guardéis mis preceptos, y los pongáis por obra". (Ezequiel 36:26,27).

CAPÍTULO 3

LA VENIDA DEL ESPÍRITU SANTO

Ahora vamos a contemplar la venida del Espíritu Santo en los "Hechos de los Apóstoles", o mejor dicho: "Los Hechos del Espíritu Santo".

"Cuando llegó el día de Pentecostés, estaban todos juntos en un mismo lugar. De repente vino del Cielo un ruido como el de una ráfaga de viento impetuoso que llenó toda la casa donde estaban sentados, y se les aparecieron lenguas como de fuego que, repartiéndose, se posaron sobre cada uno de ellos. Todos fueron llenos del Espíritu Santo y comenzaron a hablar en otras lenguas, según el Espíritu les daba habilidad para expresarse". (Hechos 2:1-4).

El nacimiento de la Iglesia

La Iglesia Cristiana fue concebida en un clima de amor, de oración y unidad. "Todos éstos estaban unánimes, entregados de continuo a la oración". (Hechos 1:14). El día de Pentecostés fue el nacimiento de la Iglesia, cuando el Espíritu Santo vino como había prometido el Padre, para llenar el corazón y morar en los discípulos del Maestro. Unánimes, ciento veinte esperaban la venida del Consolador prometido también por el Señor cuando dijo: "Pues Juan bautizó con agua, pero vosotros seréis bautizados con el Espíritu Santo dentro de pocos días". (Hechos 1:5).

El Espíritu Santo encontró ciento veinte personas preparadas, esperando su venida, y vino como un viento recio que corría, y llenó toda la casa. Entonces les aparecieron lenguas, como de fuego que se asentó sobre ellos y fueron todos llenos del Espíritu Santo y hablaban en lenguas como el Espíritu les daba que hablasen. Así la Iglesia fue revestida con el poder que Cristo prometió. De ahora en adelante el Espíritu Santo estaría en ellos y no solamente con ellos. Con esta experiencia tan grande y siendo bautizados con poder y amor, empezaron a alabar a Dios con tal éxtasis que se hizo un estruendo.

"Y al ocurrir este estruendo, la multitud se juntó; y estaban desconcertados porque cada uno les oía hablar en su propia lengua". (Hechos 2:6). Además del ruido que hacían los ciento veinte, el don de lenguas causó mucha atención, pues les oían hablar en sus propias lenguas las maravillas de Dios. Habían tomado el vino del Espíritu, habían gustado del vino nuevo y no querían volver a la ceremonia y ritual de una religión de mera fórmula.

Algunos de los que miraban estaban confusos, otros atónitos y otros burlándose decían que estaban llenos de mosto. El derramamiento del Espíritu Santo siempre llama la atención y muchas veces trae la censura del pueblo. Si usted está lleno de Dios puede esperar que los hombres carnales no le comprendan, ni aprecien el gozo que siente en su alma. Aunque recibirá críticas en abundancia, será usted mucho más útil al reino de Dios que cien profesores de Teología sin el Espíritu Santo. Usted tendrá una paz como el mar en calma y su vida será guiada por el Espíritu, en los caminos de Dios.

Pedro aprovechó esta oportunidad de predicar a Cristo con un nuevo entusiasmo y con el dinamismo que se produjo en él al ser lleno del Espíritu Santo. Este seguidor de Cristo pudo convencer a tres mil almas de sus pecados, y conducirlos a Cristo, el Cordero de Dios.

"Y sucederá en los últimos días dice Dios que derramaré de Mi Espíritu sobre toda carne; y vuestros hijos y vuestras hijas profetizarán, vuestros jóvenes verán visiones y vuestros ancianos soñarán sueños". (Hechos 2:15-17).

¡Qué cambio inmenso se puede notar en este pescador humilde e inculto! El que pocos días antes había negado al Señor, atemorizado por las palabras de una criada, ahora con valentía y poder acusaba a los judíos de haber matado a Jesús. Luego, testificó que Cristo había sido resucitado de los muertos y exaltado por la diestra del Padre. "Así que, exaltado a la diestra de Dios, y habiendo recibido del Padre la promesa del Espíritu Santo, ha derramado esto que vosotros veis y oís". (Hechos 2:33). El Espíritu Santo desempeñó fielmente Su obra de convencer y redargüir de pecado, y como resultado, compungidos de corazón, exclamaron: "¿Qué haremos?". San Pedro exigió el arrepentimiento y les dio la promesa del Espíritu

Santo como ellos habían recibido. "Porque la promesa es para vosotros y para vuestros hijos, y para todos los que están lejos; y para tantos como el Señor nuestro Dios llame". (Hechos 2:39).

El mismo bautismo que recibieron los ciento veinte, está preparado para nosotros. En Dios no hay cambio ni sombra de variación, el mismo poder que Dios dio antaño, es para nosotros hoy. Si obedecemos al Señor y esperamos este gran don con oración y en unidad de Espíritu entre nosotros, seguramente vendrá.

El Espíritu Santo fue derramado sobre los gentiles en la casa de Cornelio de la misma manera y con la evidencia de lenguas extrañas. "¿Puede acaso alguien negar el agua para que sean bautizados éstos que han recibido el Espíritu Santo lo mismo que nosotros?". (Hechos 10:45-47). ¿Como sabía Pedro que los gentiles habían recibido el Espíritu Santo? "Y los fieles de la circuncisión que habían venido con Pedro se quedaron atónitos de que también sobre los gentiles se derramase el don del Espíritu Santo. Porque los oían que hablaban en lenguas, y que magnificaban a Dios". (Hechos 10:45,46).

Felipe descendió a Samaria y predicó a Cristo. Experimentó un gran avivamiento en dicho lugar, y como consecuencia, muchos conocieron a Jesús y fueron bautizados en agua. "Pero cuando creyeron a Felipe, que anunciaba las buenas nuevas del reino de Dios y el nombre de Cristo Jesús, se bautizaban, tanto hombres como mujeres". (Hechos 8:12).

Dios tenía algo más para los discípulos de Cristo: cada creyente debía recibir el sello del Espíritu Santo

Felipe les predicó arrepentimiento y fe, y fueron bautizados en agua, pero descubrieron que la obra de Dios no estaba terminada en sus vidas, y que necesitaban el bautismo del Espíritu Santo. "Cuando los apóstoles que estaban en Jerusalén oyeron que Samaria había recibido la Palabra de Dios, les enviaron a Pedro y a Juan, quienes descendieron y oraron por ellos, para que recibieran el Espíritu Santo, pues todavía no había descendido sobre ninguno de ellos, sólo habían sido bautizados en el nombre del Señor Jesús". (Hechos 8:14-16).

Estos, en Samaria, eran creyentes en Cristo, bautizados en agua para arrepentimiento, pero la Escritura especifica claramente que el Espíritu Santo no había venido sobre ellos, aunque había transcurrido ya mucho tiempo después del día de Pentecostés.

Por la imposición de manos

Después de orar por los creyentes, los apóstoles les impusieron las manos para que recibieran el Espíritu Santo. "Entonces les imponían las manos, y recibían el Espíritu Santo". (Hechos 8:17). Después del día de Pentecostés, con la excepción de la ocasión en la casa de Cornelio, muchos creyentes recibieron el Espíritu Santo por la imposición de manos.

Además, la señal que indicaba el recibimiento del Espíritu Santo era el hablar en lenguas extrañas. En esta ocasión en Samaria, aunque la Santa Biblia no lo declara, se sobreentiende que hubo una manifestación visible porque Simón el mago quería comprar el don de Dios que vio manifestado en los apóstoles. "Cuando Simón vio que el Espíritu se daba por la imposición de las manos de los apóstoles, les ofreció dinero". Es aparente que hubo una manifestación visible y audible. No cabe duda de que hablaron en lenguas y profetizaron.

En el Hechos 9:17, vemos que San Pablo recibió el don del Espíritu Santo por la imposición de manos. "Ananías fue y entró en la casa, y después de poner las manos sobre él, dijo: Hermano Saulo, el Señor Jesús que se te apareció en el camino por donde venías, me ha enviado para que recobres la vista y seas lleno del Espíritu Santo". En este pasaje de la Escritura no se mencionan lenguas como evidencia, pero San Pablo en su Epístola a los Corintios dijo: "Doy gracias a Dios porque hablo en lenguas más que todos vosotros". (1 Corintios 14:18).

La venida del Espíritu Santo en Éfeso es digna de mencionar porque muestra claramente que:

1. Las lenguas son la evidencia o manifestación de haber recibido el Espíritu Santo.

2. El Espíritu es dado muchas veces por la imposición de manos.
3. Dios siguió bautizando en la misma manera que al principio, aunque habían transcurrido más de veinte años, desde el día de Pentecostés.

"Y cuando Pablo les impuso las manos, vino sobre ellos el Espíritu Santo, y hablaban en lenguas y profetizaban". (Hechos 19:6).

A los que se lo pidan

Aunque hemos hablado de la imposición de manos para recibir el bautismo, no es, en ninguna manera, la única forma de recibir el Espíritu. Cristo también lo prometió a quienes oraran con confianza y fe, tal y como un hijo pide al padre su comida. "Pues si vosotros siendo malos sabéis dar buenas dádivas a vuestros hijos, ¿Cuánto más vuestro Padre celestial dará el Espíritu Santo a los que se lo pidan?". (Lucas 11:13).

Por el oír con fe

San Pablo declaró a los Gálatas, que habían recibido el Espíritu Santo por "el oír con fe", o en otras palabras con la fe verdadera. "Esto es lo único que quiero averiguar de vosotros: ¿Recibisteis el Espíritu por las obras de la ley o por el oír con fe?". (Gálatas 3:2).

A los que le obedecen

Pedro afirmó que el Espíritu Santo es dado a quienes obedecen a Dios. (Hechos 5:32).

"Hay una diferencia entre regeneración y el bautismo con el Espíritu. Los que han recibido a Cristo en su corazón, no reciben inmediatamente el Espíritu Santo, sino que existe un intervalo de tiempo. Puede recibirlo en un momento, en una hora o en un día como en el caso de Charles Finney que lo recibió unos días después; D. L. Moody lo recibió en seis meses o George Bowen fue al cabo de varios años. Y otros muchos que podríamos mencionar también. El tiempo de espera no es importante. Pero lo que sí es importante es que debemos procurar ser bautizados con el Espíritu Santo, no importa lo que se tarde en recibirlo, lo que verdaderamente cuenta es que lo obtengamos y que lo sepamos. Es cierto, que si los apóstoles no fueron capaces de actuar como testigos efectivos sin este bautismo, lo mismo nos puede ocurrir a nosotros. El bautismo en el Espíritu Santo es algo que solamente puede recibir una persona regenerada; por tanto, sólo puede recibirlo un cristiano. Pero uno puede ser un cristiano y un buen cristiano 'creciendo en la gracia y el conocimiento del Señor Jesucristo'; un hombre puede estar progresando en la santificación y aún no ha conocido este bautismo. Esto es algo que es dado; es una experiencia maravillosa y que tan sólo se recibe una vez para siempre; mientras que la santificación es un proceso continuo". (Tomado del libro "Joy Unspeakable" de D. Martyn Lloyd Jones).

El bautismo del Espíritu Santo es para usted hoy, pues ha sido dado a la Iglesia y así permanecerá hasta el fin de la dispensación presente, que terminará con la segunda venida de Cristo. El mismo Dios que mandó: "No matarás", también ordenó: "Sed llenos del Espíritu".

"Y estas señales acompañarán a los que han creído; en mi nombre echarán demonios, hablarán en nuevas lenguas". (Marcos 16:17).

Si usted ha recibido a Jesucristo como su Salvador y le está obedeciendo, el Espíritu Santo es para usted. Pídalo al Señor, es su deseo y su promesa para creyente. "El que cree en mí, como ha dicho la Escritura; de lo más profundo de su ser brotarán ríos de agua viva. Pero Él decía esto del Espíritu, que los que habían creído en Él habían de recibir; porque el Espíritu no había sido dado todavía, pues Jesús aún no había sido glorificado". (Juan 7:38,39).

CAPÍTULO 4

LA OBRA DEL ESPÍRITU SANTO

Somos responsables ante Dios, la Iglesia y el mundo, de ser llenos del Espíritu Santo. También se nos pedirá cuenta de todo lo bueno que pudiéramos haber hecho, si hubiéramos sido llenos de Él. La influencia de un cristiano que no está lleno del Espíritu es muy poca en el mundo, y con su ejemplo apenas podrá convencer a las almas de su pecado. Le faltará el denuedo y el poder de operar los dones.

La mayoría de los miembros en las Iglesias evangélicas no ganan anualmente ni un alma para Cristo, debido a la falta del poder del Espíritu Santo en ellos. El que vive sin el Espíritu tendrá muchos amigos en el mundo porque su actitud será similar a la de ellos. No entenderá mucho de la Biblia y naturalmente le faltará el poder de convicción en su testimonio. Un cristiano sin el Espíritu resulta superficial en su vivir y muy ocupado en los placeres del mundo. Orará poco, y cuando lo haga sus oraciones serán con poca fe y sin poder. Tendrá dudas acerca de las maravillas de Dios, y a veces será muy listo para criticar la obra del Espíritu que está haciendo en otros que están siendo llenos de Dios. En vez de poseer una completa santificación, estos cristianos sin el Espíritu, siempre están pidiendo perdón por sus pecados y no gozan de la paz perpetua que hay en Cristo.

El poder del Espíritu Santo para ganar almas

Cristo dijo: "...recibiréis poder cuando haya venido sobre vosotros el Espíritu Santo, y me seréis testigos". No es punto de discusión que Cristo plantea; Él desea que cada creyente sea un ganador de almas, y cuando seamos llenos del Espíritu, esto será más que posible.

Nota los siguientes cálculos: Si un creyente, ganara un alma en un año, y estos dos ganaran un alma el año próximo, y así sucesivamente cada nuevo creyente ganara un alma cada año, en treinta y un años se habrían ganado dos mil millones de personas para Cristo. Así es la ley de la multiplicación. La Iglesia primitiva creció y se multiplicó; este es nuestro modelo para hoy.

Jesús demanda que cada pámpano en Él injertado, lleve fruto. Tenemos que tener en cuenta la calidad del fruto, y también la cantidad. El Padre quiere que llevemos mucho fruto, y seguramente parte de ser fructífero depende de la influencia que podamos ejercer en nuestro entorno. Si somos la luz del mundo, es preciso alumbrar en las tinieblas, y eso no se puede hacer escondido tras las puertas de un local. Si somos la sal de la tierra, no podremos impedir el avance de la corrupción mientras no salgamos del salero. Por lo tanto, la meta de cada cristiano nacido y lleno del Espíritu es conocer a Cristo mejor y darlo a conocer a otros.

Dentro de estos parámetros se debe incluir todo lo que hacemos en la vida: vivir para la gloria de Dios, sumisos a su voluntad revelada en la palabra, iluminada por su Espíritu, y siendo testigos efectivos del Señor.

Sin una meta común no tendremos un destino común y no podremos correr la carrera y llegar a la meta para escuchar la voz del Maestro diciendo: "Bien buen siervo y fiel, sobre lo poco has sido fiel, sobre lo mucho te pondré".

Cuando somos llenos del Espíritu Santo

Muchas veces, el cristiano lleno del Espíritu será tildado de excéntrico por algunos cristianos carnales; y con razón, porque ellos no comprenden los motivos ni los impulsos del Espíritu de Dios. La mente carnal siempre será enemistad contra Dios y no entiende las cosas del Espíritu porque éstas se han de discernir espiritualmente.

Un cristiano lleno del Espíritu sentirá una gran responsabilidad por la iglesia y por los inconversos. El Espíritu Santo se ocupa del reino de Dios y de la conversión del mundo. "Porque los que viven conforme a la carne, ponen la mente en las cosas de la carne, pero los que viven conforme al Espíritu, en las cosas del Espíritu". (Romanos 8:5).

Quienes están llenos del Espíritu dedicarán mucho tiempo a orar por las almas perdidas y sentirán gran tristeza por la condición apática de la Iglesia. Cuando seamos llenos por el Espíritu Santo la santidad y la separación del mundo se manifestará en nuestras vidas.

La morada del Espíritu separará al creyente del mundo, de los pasatiempos carnales y de las actividades de la vida que no aprovechan. Sus amigos mundanos lo abandonarán al no comprender sus acciones o sus nuevas ideas. Será guiado por un espíritu distinto y por lo tanto será impulsado por diferentes direcciones. Si usted está lleno del Espíritu Santo tendrá paz con Dios y con su conciencia. No será continuamente atribulado con incertidumbre acerca de su salvación, ni agobiado por una conciencia agitada. Aunque las tentaciones serán cada vez más grandes, el Espíritu de Dios le defenderá en todo tiempo.

Si está lleno del Espíritu Santo podrá esperar mucha oposición de los cristianos carnales en la iglesia, pues siempre se opondrán a cualquier idea dedicada a despojarlos de su indiferencia. El diablo no se preocupa de los cristianos carnales porque ellos no le molestan ni le atacan, pero cuando nos llenamos del Espíritu Santo, nos convertimos en una amenaza para Satanás y podremos esperar la persecución aún de quienes profesan el cristianismo. La santidad nunca ha sido muy popular en el mundo y la mayoría siempre rechazan la luz que revela su pecado e hipocresía.

Si está lleno del Espíritu tendrá calma en la tribulación y tranquilidad en la aflicción. Aunque en ocasiones sus pruebas serán muy difíciles, tendrá el apoyo del Espíritu y la paz en su alma.

El Espíritu Santo hará que los frutos del Espíritu lleguen a madurar en su vida. Con nuestra conversión empezamos a ver la manifestación de los frutos del Espíritu, pero con el bautismo, los frutos madurarán sensiblemente en todos los sentidos. El deseo de Dios es que llevemos fruto, y fruto en abundancia y perfección.

"Mas el fruto del Espíritu es amor, gozo, paz, paciencia, benignidad, bondad, fidelidad, mansedumbre, dominio propio, contra tales cosas no hay ley". (Gálatas 5:22,23).

Cristo dijo: "Yo soy la vid, vosotros los sarmientos; el que permanece en mí, y yo en él, ese da mucho fruto, porque separados de mí nada podéis hacer". (Juan 15:5). Estos frutos son producidos por el Espíritu y no por los esfuerzos humanos. Los frutos van creciendo cuando humildemente nos rendimos a la voluntad de Dios. Procure ser lleno del Espíritu Santo y vivir tal y como le agrada a Él para que su influencia sea manifiesta con más intensidad en su vida. La voluntad de Dios es que seamos templos del Espíritu Santo, edificados como piedras vivas, para morada de Dios en Espíritu. "Y no os embriaguéis con vino, en lo cual hay disolución, sino sed llenos del Espíritu". (Efesios 5:18). Amén.

El bautismo del Espíritu Santo no resolverá todos sus problemas, pero brindará una fuente de vida a su experiencia cristiana, de tal modo que su servicio al Señor llegará a ser más efectivo y fructífero.

¿Qué requisitos debemos tener para recibir el bautismo en el Espíritu Santo? Es necesario que comprendamos que nunca llegaremos a ser suficientemente buenos por nosotros mismos, ni podemos merecer ni ganar ningún don de Dios. Todos ellos son dados por gracia y recibidos por fe. "...Esto no es de vosotros, sino que es don de Dios; no por obras, para que nadie se glorié". (Efesios 2:8,9). Una persona llena del Espíritu no es mejor que otra que aún no lo ha recibido, pero si está en una posición infinitamente mejor para crecer. No quiere decir que sea más santa, sino simplemente que ha aceptado por fe un don que Dios ha provisto para todos sus hijos.

El Dr. W. E. Sangster escribió: "Cuando tenemos el Espíritu, obtenemos todo lo que merece la pena conseguir. El Espíritu Santo es el don más grande que Dios nos ha dado. Cuando Él da el Espíritu Santo, da todas las cosas preciosas con Él. Cuando Dios da el Espíritu Santo se da a sí mismo".

Jesús lo prometió a sus discípulos cuando dijo: "Si me amáis, guardaréis mis mandamientos. Y Yo rogaré al Padre, y Él os dará otro Consolador para que esté con vosotros para siempre; es decir, el Espíritu de verdad, a quien el mundo no puede recibir, porque ni le ve ni le conoce, pero vosotros si le conocéis porque mora con vosotros y estará en vosotros. Si alguno me ama, guardará mi palabra; y mi Padre lo amará, y vendremos a él, y haremos con él morada". (Juan 14:15-17,23). Observe la diferencia entre Jesús, el Consolador y el Padre.

La promesa del Espíritu es para aquellos que le aman. También para los que tienen sed de Él. Es para aquellos que desean obedecerle como Señor, y para aquellos que lo piden con fe, como los niños piden a su padre pan, carne o un huevo. "Pues si vosotros siendo malos sabéis dar buenas dádivas a vuestros hijos, ¿Cuánto más vuestro Padre celestial dará el Espíritu Santo a los que se lo pidan?". (Lucas 11:13). Si usted cree que ya ha sido bautizado con el Espíritu Santo el día que se convirtió a Dios, es inverosímil que lo pida con fe. Si usted no está sediento y deseoso por encima de todas las cosas de ser lleno, entonces probablemente no lo recibirá.

Andrew Murray escribe: "Siempre que un cristiano empieza a afanarse por conseguir esta bendición, realiza generalmente una serie de esfuerzos para alcanzar la fe, la obediencia, la humildad y la sumisión, que son condiciones indispensables para obtenerlo. Y al no tener éxito, es tentado a culparse a sí mismo, y si aún le queda aliento, se sobrepone para continuar con más esfuerzo y mayor celo. Toda esta lucha no es vana ni inútil. Tiene su utilidad, aunque no en el mismo modo que se había previsto. Realiza la misma función que la ley; es decir, nos enseña nuestra total impotencia y nos conduce a esta situación desesperada en la cual estamos ya dispuestos a darle a Dios el lugar que le pertenece. Esta lección es realmente indispensable. Yo no puedo otorgarme esta bendición, ni tampoco tomarla. Es sólo Dios quien ha de hacerlo en mí". (Tomado del libro "Piedras Fundamentales", también de Daniel Del Vecchio).

CAPÍTULO 5

EL ESPÍRITU SANTO EN LA OBRA DE REGENERACIÓN

"Y cuando Él venga, convencerá al mundo de pecado, de justicia y de juicio; de pecado, porque no creen en mí". (Juan 16:8,9).

El Espíritu Santo obra juntamente con la Palabra de Dios en la conversión de las almas. Desde el principio hasta el final, Él es el agente que actúa en la regeneración del creyente. El Espíritu Santo es el que empuña la espada de la Palabra de Dios, "porque la Palabra de Dios es viva y eficaz, y más cortante que cualquier espada de dos filos; penetra hasta la división del alma y del espíritu, de las coyunturas y de los tuétanos, y es poderosa para discernir los pensamientos y las intenciones del corazón". (Hebreos 4:12). "Tomad también el yelmo de la salvación, y la espada del Espíritu que es la Palabra de Dios". (Efesios 6:17).

Los cuatro procesos que el incrédulo atraviesa hasta la conversión

El Espíritu Santo usando la Palabra, despierta al pecador y lo avisa de su peligro. Él convence del pecado de la incredulidad hasta que el inconverso, siendo despertado, es convencido de su culpa. El pecado de incredulidad es el pecado que lleva a la perdición eterna, y el pecado que concibe a los demás pecados. Cristo dijo que el Espíritu Santo redargüirá al mundo del pecado, "Por cuanto no creen en mí". (Juan 16:9).

El pecador primeramente es indiferente de su rebelión contra Dios y aparentemente vive olvidadizo de su peligro. Cuando la Palabra de Dios es predicada, dirigiéndola a su caso particular, el Espíritu de Dios agita la conciencia del pecador hasta despertar el sentido de temor de Dios y remordimiento por su pecado.

Entonces el pecador, siendo despertado, entra en la tercera condición de su conversión siendo convencido. En esta condición él tiembla ante el precipicio del infierno y en esta actitud su alma lucha en el valle de indecisión, hasta que se somete a Dios. El Espíritu Santo sigue tras él con la Palabra, descubriendo su corazón, y recordándole su rebelión. El Espíritu también en esta condición revela a Cristo como su sustituto (El sacrificio por sus pecados).

Cuando el pecador, creyendo en Cristo como único Salvador, se somete a la voluntad de Dios, el Espíritu hace la obra de renovar y regenerar su corazón y espíritu. Él es hecho nueva criatura en Cristo, regenerado y justificado por su fe. La carne puede cambiar la carne, la mente puede educar y renovar la mente, pero solamente el Espíritu de Dios puede transformar el espíritu del hombre. "Jesús respondió: En verdad, en verdad te digo que el que no nace de agua y del Espíritu, no puede entrar en el Reino de Dios". (Juan 3:5).

El Espíritu Santo siembra la semilla de la Palabra de Dios en el corazón abierto, y lo nutre hasta que la naturaleza de Cristo es concebida en el corazón. "Pues habéis nacido de nuevo, no de una simiente corruptible, sino de una que es incorruptible, es decir, mediante la Palabra de Dios que vive y permanece". (1 Pedro 1:23).

Usted puede ser usado por Dios para ganar a las almas perdidas. Es un trabajo que necesita gran sabiduría y conocimiento. Por ejemplo: El cirujano puede matar una vida simplemente con un error de su mano; asimismo usted con una palabra mal expresada, puede dar falso consuelo a una persona y esta puede llegar a perder su convicción de pecado. Todo testimonio o predicación debe conducir a las almas al sacrificio expiatorio de Cristo. El evangelio sencillo es "Poder de Dios para los que se salvan". (Véase 1 Corintios 1:18).

Por las Escrituras usted tiene que despertar al pecador indiferente, mostrándole el peligro de su situación sin Cristo. La Palabra tiene que ser usada como una espada que penetra en lo recóndito del corazón revelando al pecador su incredulidad y trasgresión. "Más engañoso que todo, es el corazón, y sin remedio; ¿quién lo comprenderá?". (Jeremías 17:9).

Recordemos, pues, las etapas o procesos que acabamos de tratar:

1. Dormido.
2. Despierto.
3. Convencido.
4. Convertido.

El ministro o el obrero cristiano tienen que conocer en qué punto el Espíritu está hablando al pecador y seguir sobre ese punto hasta que se someta a Dios

El pecador siempre busca excusas y lugares donde esconderse. "... porque hemos hecho de la mentira nuestro refugio y en el engaño nos hemos escondido". (Isaías 28:15). En la actualidad hay millones escondiéndose debajo de los mantos de la religión y de las buenas obras, pero Dios echará fuera toda mentira con su Palabra. Cuando Adán pecó, trató de esconderse entre los árboles del huerto. La voz de Dios penetrando en su alma, le dijo: "¿Dónde estás tú?". (Véase Génesis 3:9).

El Espíritu de Dios descubre la hipocresía del corazón hasta que se produzca el arrepentimiento. Cuando el pecador esté bien convencido y compungido de corazón, hasta clamar: "¿qué haré?" usted podrá mostrarle al Cordero de Dios que quita el pecado del mundo. Es imposible traer el pecador a Cristo, sin que éste conozca y sienta su necesidad de ser salvo y redimido. Si usted es guiado por el Espíritu, Él le dará sabiduría para que las almas acepten la luz del Evangelio.

El pecador querrá hacer cualquier cosa menos entregarse de corazón sincero a Dios y aceptar su misericordia. Con esto en mente, no le dé ningún lugar donde reposar su fe, al menos que sea en Cristo. Ninguna buena obra podrá salvarle y solamente en la Roca estará seguro. Somos justificados por la fe de Cristo, y no por las obras de la ley, "... puesto que por las obras de la ley nadie será justificado". (Gálatas 2:16).

Nunca trate de convencer al pecador de que es salvo, antes bien, espere que el Espíritu dé testimonio a su espíritu de que es hijo de Dios. "Para que redimiese a los que estaban bajo la ley, a fin de que recibiésemos la adopción de hijos". (Gálatas 4:5). Él pecador tendrá que recibir la seguridad personal de ser aceptado como un hijo de Dios, y la obtendrá cuando se someta a Dios y deposite toda su fe en Cristo. El Espíritu Santo glorificará a Cristo y revelará el sacrificio vicario de la cruz que justificará a todo el que cree. "Por tanto, habiendo sido justificados por la fe, tenemos paz para con Dios por medio de nuestro Señor Jesucristo". (Romanos 5:1).

San Pablo aconsejó al carcelero en Filipos: "Cree en el Señor Jesucristo, y serás salvo". (Hechos 16:31). ¿Pero, que significa creer en Jesucristo? Hay muchos que creyendo que son salvos piensan que esto es la fe salvadora. Uno puede creer que es salvo en cualquier religión, y estar totalmente perdido. Otros piensan que recibiendo al Señor Jesús ya están seguros, pero Cristo pone condiciones para ser su discípulo. Él afirmó que quien no renuncia a todo lo que posee, no puede ser su discípulo. Existe, pues, un precio a pagar, porque estrecha es la puerta, y angosto el camino que lleva a la salvación, y pocos son los que la hallan.

Creer en el Señor Jesús es:

- Confiar que es el Hijo de Dios quién fue crucificado pagando la deuda por nuestros pecados;
- Creer que él nos redimió de la muerte y del pecado; es confiar en su sacrificio, su muerte y resurrección, su obra terminada y perfeccionada para siempre, y ahora está sentado a la diestra de Dios Padre.
- Creer que la sangre de Cristo nos limpia de todo pecado, y que por fe somos justificados y tenemos paz con Dios.

"Porque de tal manera amó Dios al mundo, que ha dado a su Hijo unigénito, para que todo aquel que en él cree, no se pierda, mas tenga vida eterna. Porque no envió Dios a su Hijo al mundo para condenar al mundo, sino para que el mundo sea salvo por él. Él que en él cree, no es condenado; pero él que no cree, ya ha sido condenado, porque no ha creído en el nombre del unigénito Hijo de Dios". (Juan 3:16-18).

San Pedro dejó bien claro en su primera predicación en el día de Pentecostés que para ser salvo era necesario arrepentirse. "Arrepentíos, y bautícese cada uno de vosotros en el nombre de Jesucristo para perdón de los pecados; y recibiréis el don del Espíritu Santo". (Hechos 2:38).

Obviamente, nadie va a arrepentirse sin antes reconocer que está equivocado. Pedro les acusó de haber sido cómplices en la muerte de Cristo, por eso fueron compungidos de corazón y preguntaron: "varones hermanos, ¿qué haremos? El pecador en su estado de indiferencia y sueño espiritual (dormido), no busca un remedio hasta estar convencido de su perdición y la más que probable posibilidad de terminar en el infierno. Es la palabra de Dios – hecha eficaz por el Espíritu Santo– la que produce el nuevo nacimiento.

Mi deseo es que Dios le use para ganar almas, y que su lengua, guiada por el Espíritu Santo, siembre la simiente incorruptible de la Palabra de Dios. "Los que siembran con lágrimas, segarán con gritos de júbilo". (Salmo 126:5).

CAPÍTULO 6

CAPÍTULO 6. EL ESPÍRITU SANTO EN LA OBRA DE SANTIFICACIÓN

En este capítulo acerca de la obra de santificación en el creyente, no podremos cubrir todo el tema en sus varios aspectos, sólo, queremos mostrarle esta gran bendición como algo que debemos anhelar. La santificación actúa progresivamente en la vida del cristiano. El Señor que mandó, "Sed llenos del Espíritu", también ha ordenado, "Sed santos, porque yo soy santo". (1 Pedro 1:16). Si somos hijos del Dios Santo, su santidad debe estar presente en nosotros. "Sed, pues, imitadores de Dios como hijos amados". (Efesios 5:1).

Incluidas en la obra de santificación tenemos las obras de separación, purificación y consagración.

- En la regeneración, Dios obra la separación del mundo, los pecados y una vida impura y llena de vicios.
- En la experiencia del nuevo nacimiento, somos nuevas criaturas en Cristo Jesús, impulsadas y guiadas por un nuevo espíritu. La "regeneración" y el "nuevo nacimiento", son dos palabras describiendo el mismo hecho.
- En la santificación, el Espíritu no solamente continúa la obra de separación, sino que añade la consagración a Dios y a su obra. No somos meramente separados del pecado, sino

consagrados a Dios. Con la santificación, la obra es más absoluta y permanente, y la consagración a Dios y a sus propósitos es imprescindible en el creyente. El Espíritu Santo empuña la espada de la Palabra para limpiar nuestras vidas y para preparar el pámpano para que lleve más fruto. Cristo dijo a sus discípulos: "Vosotros ya estáis limpios por la palabra que os he hablado". (Juan 15:3). El propósito de Dios en la santificación del creyente es que éste lleve "mucho fruto" y "más fruto".

"Todo pámpano que en mí no lleva fruto, lo quitará; y todo aquel que lleva fruto, lo limpiará, para que lleve más fruto". (Juan 15:2).

La vida de Cristo en nosotros produce los frutos del Espíritu, pero la santificación garantiza al labrador –Dios– que estos frutos sean producidos en abundancia y en perfección. En ocasiones, el Espíritu emplea medios que nos resultan penosos, hasta que Él aprecia los resultados deseados en nuestras vidas.

Aun en nuestra aflicción por causa de las pruebas, si sabemos que Dios está obrando para nuestra santificación, podemos decir como San Pablo: "y sabemos que para los que aman a Dios, todas las cosas cooperan para bien, esto es, para los que son llamados conforme a su propósito". (Romanos 8:28).

La prueba de la santificación se muestra en la humildad delante de Dios y de los hombres

La humildad es el fruto y perfección de la santidad. Alguien ha dicho que la esencia del pecado es el egoísmo. Es por medio del "yo" que Satanás opera. No hay egoísmo más oculto y peligroso que el orgullo de nuestra santidad. El orgullo es uno de los obstáculos más grandes en el camino hacia la santidad, y es una abominación a Dios. "Quédate donde estás, no te acerques a mí, porque yo soy más santo que tú. Estos son humo en mi nariz, fuego que arde todo el día". (Isaías 65:5).

En cada uno de nosotros se halla el Fariseo y el Publicano, y juntos vienen a adorar a Dios. Podemos conocer al fariseo cuando abiertamente se ensalza, pero lo peligroso es cuando se viste con las vestiduras del publicano, aparentemente humilde, aunque interiormente sigue siendo el fariseo. Quien busca la santidad debe caminar por la senda de la humildad y en toda ocasión ha de humillarse bajo la mano de Dios. "Humillaos, pues, bajo la poderosa mano de Dios, para que Él os exalte a su debido tiempo". (1 Pedro 5:6). Este es el mandamiento de Dios y lo que nosotros debemos hacer, y cuando fuere la ocasión, Él nos exaltará ¡a su tiempo!

La humildad es la muerte de nuestros propios deseos y la ascensión de Dios sobre el trono de nuestro corazón

Bien fue dicho que "humildad no es pensar menos de ti, sino pensar menos en ti mismo". Cuando Dios es el todo en todo para nosotros, y "el vivir es Cristo", él "yo" no tiene lugar porque ha sido crucificado. (Véase Gálatas 2:20).

Debemos estar sometidos a Dios en todo pensamiento y decisión; sometidos en nuestras voluntades y deseos. Cuando nuestra voluntad se sumerge en el río de la voluntad de Dios, la verdadera humildad –que es la perfección de la santidad– se produce en nosotros. Cuando un río desemboca en el mar pierde su propia identidad, pero gana mil veces más poder al unirse como parte del mar. Así, cuando nosotros al someter el "yo", nos unimos en humildad con Cristo, nos convertimos en un canal de bendición que Dios usará para llevar vida y salvación a las multitudes.

Tenemos que anhelar la santidad de tal manera, que nos gloriemos en cualquier experiencia que nos humilla. "Y Él me ha dicho: Te basta mi gracia, pues mi poder se perfecciona en la debilidad. Por tanto, muy gustosamente me gloriaré más bien en mis debilidades, para que el poder de Cristo more en mí. Por eso me complazco en las debilidades, en insultos, en privaciones, en persecuciones y en angustias por amor a Cristo; porque cuando soy débil, entonces soy fuerte". (2 Corintios 12:9,10).

La humildad da lugar al poder y la gloria de Cristo sobre nosotros

San Pablo reconoció que la humildad da lugar al poder y a la santidad, y es allí donde el poder y la gloria de Cristo reposan sobre nosotros. Solamente la revelación de la cruz y la gracia de Dios nos humillará a los pies del humilde Jesús de Nazaret. La humildad es la hermosura de Cristo y la atmósfera del Cielo. Fue el egoísmo y el orgullo, lo que bajó a Lucifer de su estado privilegiado como querubín protector, hasta convertirse en la serpiente más vil.

"Pero tú dijiste en tu corazón: Subiré al cielo, por encima de las estrellas de Dios levantaré mi trono, y me sentaré... subiré sobre las alturas de las nubes, me haré semejante al Altísimo...".

"Así dice el Señor Dios: Tú eras el sello de la perfección, lleno de sabiduría y perfecto en hermosura. En el Edén estabas, en el huerto de Dios...".

"Tú, querubín de alas desplegadas, protector, yo te puse allí. Estabas en el santo monte de Dios...".

"Perfecto eras en tus caminos desde el día en que fuiste creado hasta que la iniquidad se halló en ti... Te llenaste de violencia y pecaste, yo pues, te he expulsado por profano del monte de Dios y te he eliminado, querubín protector... Se enalteció tu corazón a causa de tu hermosura, corrompiste tu sabiduría a causa de tu esplendor...".

"Por cuanto has hecho esto, maldito serás". (Isaías 14:13; Ezequiel 28:12-17 y Génesis 3:14).

Fue el orgullo lo que hundió la raza humana en la miseria del pecado y sus terribles consecuencias. También fue el orgullo que obró en Eva cuando

Satanás le prometió: "Seréis como Dios, conociendo el bien y el mal". (Génesis 3:5).

Como el orgullo nos trajo todo el mal que existe, así la humildad espiritual nos trae la santificación y la liberación de la maldición

Cristo nos reveló el poder de la humildad cuando vino en forma de carne, como hombre, naciendo en el pesebre y sufriendo la muerte más ignominiosa que existía: la "muerte de cruz". "Si no que se despojó (Cristo) a sí mismo tomando forma de siervo, haciéndose semejante a los hombres. Y hallándose en forma de hombre, se humilló a sí mismo, haciéndose obediente hasta la muerte, y muerte de cruz". (Filipenses 2:7,8).

Cristo se entregó a la voluntad de Dios y dejando su posición suprema en el cielo, vino a ponernos con Él en los lugares celestiales. "Y con Él nos resucitó, y con Él nos sentó en los lugares celestiales en Cristo Jesús". (Efesios 2:6).

Si usted quiere rescatar y levantar a personas caídas, humíllese bajo la mano de Dios. Si quiere ser perfecto en santidad, revístase con la mente humilde de Cristo. "Haya, pues, en vosotros esta actitud que hubo también en Cristo Jesús, el cual, aunque existía en forma de Dios, no consideró el ser igual a Dios como algo a qué aferrarse, sino que se despojó a sí mismo tomando forma de siervo, haciéndose semejante a los hombres". (Filipenses 2:5-7).

Con la muerte de nuestros deseos carnales, la humildad es perfeccionada y con la perfección de la humildad, la santificación es completa. La santidad más elevada se halla en una verdadera humildad. No busque ser poderoso en las cosas de Dios; anhele la santificación, y el poder de Dios estará en su vida.

Por fe nos apropiamos de la obra terminada y perfeccionada por Cristo

En esta obra, el Espíritu Santo es el agente que actúa; la carne no puede vencer a la carne. Satanás no puede echar fuera a Satanás. Gracias a Dios, la obra está ya terminada y perfeccionada para siempre. La muerte de Cristo nos da poder sobre el pecado y el viejo hombre. La ascensión de Cristo nos dio el poder del Espíritu Santo para que podamos apropiarnos de esta victoria sobre el "yo". Aunque Cristo murió por los pecados de todo el mundo, no somos salvos hasta que por fe nos apropiamos de la redención de Cristo.

Por fe, la sangre de Cristo nos limpia de todo pecado. Por fe, somos justificados y tenemos paz con Dios. Esto no es meramente en el pensamiento, sino que la fe actúa el cambio en nuestras vidas y somos nacidos de nuevo. La fe mueve al Espíritu Santo y éste a su vez produce la transformación en nosotros. De la misma manera, la santificación opera en nosotros por la fe, cuando nos apropiamos de la muerte de Cristo. La fe, progresivamente obra en nosotros la santificación y la purificación del espíritu. La santificación viene apropiándonos de la santidad de Cristo.

Es la vida de Cristo obrando en nosotros, la que obra la muerte del "yo" y de los deseos carnales del viejo hombre. San Pablo experimentó esta muerte y así lo revela en su Epístola. "Con Cristo he sido crucificado, y ya no soy yo el que vive, sino que Cristo vive en mí; y la vida que ahora vivo en la carne, la vivo por fe en el Hijo de Dios, el cual me amó y se entregó a sí mismo por mí". (Gálatas 2:20).

Tenemos una nueva ley que obra en nosotros: la ley de la vida eterna, la ley del Espíritu Santo que nos libra de la ley del pecado y de la muerte. "Porque la ley del Espíritu de vida en Cristo Jesús te ha libertado de la ley del pecado y de la muerte". (Romanos 8:2). El pecado obra en nosotros la muerte eterna, mas la santidad es el poder de vida eterna operando en nosotros. La santificación es una obra progresiva lograda por el Espíritu de vida, hasta que la "semilla" de Cristo en nosotros realice su obra completa.

"Antes bien, vestíos del Señor Jesucristo, y no penséis en proveer para las lujurias de la carne". (Romanos 13:14). No hagáis caso a la voz de Satanás sino afirmaos en lo que Dios dice para nosotros. Cristo ha sido hecho por Dios nuestra sabiduría y santificación. "Más por obra suya estáis vosotros en Cristo Jesús, el cual se hizo para nosotros sabiduría de Dios, y justificación, y santificación y redención; para que, tal como está escrito: El que se gloria, que se glorié en el Señor". (1 Corintios 1:30,31).

Vamos a sumergirnos en la grandeza de la revelación de nuestra unidad con Cristo. Somos identificados con Él en su muerte, en su resurrección y en su vida eterna en los lugares celestiales. "Porque toda la plenitud de la Deidad reside corporalmente en Él, y habéis sido hechos completos en Él". (Colosenses 2:9,10).

La autoridad de Cristo con el creyente sobrepasa nuestra comprensión, pero sabemos que como Él es, así somos nosotros en este mundo, "Porque tanto el que santifica como los que son santificados, son todos de un padre; por lo cual Él no se avergüenza de llamarlos hermanos". (Hebreos 2:11). Somos uno con Él, quien nos santifica si retenemos nuestra fe firme hasta el fin. Somos uno con Él en su muerte, uno con Él en su resurrección y uno con Él en su exaltación. "Él es nuestra esperanza de gloria". (Véase Colosenses 1:27). Amén.

CAPÍTULO 7

EL ESPÍRITU DE ORACIÓN

"Y de la misma manera, también el Espíritu nos ayuda en nuestra debilidad; porque no sabemos orar como debiéramos, pero el Espíritu mismo intercede por nosotros con gemidos indecibles; y aquel que escudriña los corazones sabe cuál es el sentir del Espíritu, porque Él intercede por los santos conforme a la voluntad de Dios". (Romanos 8:26,27).

Nacido del Espíritu o nacido de la carne

La frialdad y apatía que prevalece en la Iglesia hoy en día es prueba de la falta del espíritu de oración. En general, la Iglesia está engendrando hijos "nacidos de la carne", los cuales no conocen nada del espíritu de oración, el cual reinaba en la Iglesia primitiva. Sin este espíritu no podemos esperar frutos espirituales en la Iglesia ni ser útiles en el Reino de Dios. Como en lo natural, sin dolores, no hay parto, y de la misma manera, sin el espíritu de oración no habrá hijos espirituales. Con la indiferencia que prevalece en la Iglesia, resulta muy difícil, si no imposible, que los pecadores sean compungidos y convertidos. Si es el Espíritu Santo el que transforma al pecador en una "nueva criatura en Cristo", entonces sin su poder está claro que las almas no serán nacidas de nuevo.

El Espíritu de oración

San Pablo conocía bien el espíritu de oración y su poder para convencer y traer almas a los pies de Cristo. Él dijo a la Iglesia carnal de los Gálatas: "Hijos míos, por quienes de nuevo sufro dolores de parto hasta que Cristo sea formado en vosotros". (Gálatas 4:19). Era el ministerio de oración de día y de noche, el cual le dio tantos hijos espirituales. Con razón él pudo decir: "Porque, aunque tengáis innumerables maestros en Cristo, sin embargo no tenéis muchos padres; pues en Cristo Jesús yo os engendré por medio del evangelio". (1 Corintios 4:15).

Lo que es nacido de la carne, carne es; y lo que es nacido del Espíritu, espíritu es

La Iglesia de Cristo es llamada para ser la madre de hijos espirituales, hijos de Dios, concebidos en una atmósfera de amor y oración. Por la falta del espíritu de oración en la Iglesia, hay quienes llegan a ser "creyentes" pero sin poder ni influencia para Cristo. Son hijos nacidos de la carne y convertidos con la mente, pero todavía con las obras de la carne manifestándose en ellos. Se puede ser un buen miembro de una Iglesia; puede también, participar de las actividades; ser quizás un excelente ayudante y estar siempre presente en cada reunión. No obstante, si hace todo esto con la idea de ganar méritos para su salvación, es inútil. "El que tiene al Hijo tiene la vida, y el que no tiene al Hijo de Dios, no tiene la vida". (1 Juan 5:12).

Como es la madre, así son sus hijos; Si la Iglesia no experimenta el espíritu de oración y súplica, engendrará una generación de "cristianos" sin la naturaleza de Cristo.

"Porque está escrito que Abraham tuvo dos hijos, uno de la sierva y otro de la libre. Pero el hijo de la sierva nació según la carne, y el hijo de la libre por medio de la promesa. Esto contiene una alegoría pues estas mujeres son dos pactos; uno procede del monte Sinaí que engendra hijos para ser esclavos; éste es Agar. Ahora bien, Agar es el monte Sinaí en Arabia, y corresponde a la Jerusalén actual, porque ella está en esclavitud con sus hijos. Pero la Jerusalén de arriba es libre; ésta es nuestra madre. Porque escrito está: Regocíjate, oh estéril la que no concibes; prorrumpe y clama, tú que no tienes dolores de parto, porque más son los hijos de la desolada, que de la que tiene marido. Y vosotros, hermanos, como Isaac, sois hijos de la promesa. Pero así como entonces el que nació según la carne persiguió al que nació según el Espíritu, así también sucede ahora". (Gálatas 4:22-29).

¿No será esto la causa por la cual tenemos tantas divisiones y contiendas? Los hijos de la carne estarán siempre en contra de las cosas del Espíritu y se oponen a la mente de Dios y a sus hijos.

El Espíritu es el que da vida, redarguye y convence de pecado

En el aposento secreto de oración es donde se produce el poder de Dios que convence y cambia los corazones.

Es por el poder del Espíritu que la Palabra purifica y engendra de nuevo en la familia de Dios. Es por la vida del Espíritu que el predicador puede convencer de pecado y del juicio venidero, haciendo el alma temblar en agonía de convicción de pecado hasta someterse a Dios. Dios no tiene nietos, sólo hijos engendrados por su Palabra y por su Espíritu "que no nacieron de sangre, ni de voluntad de la carne, ni de la voluntad del hombre, sino de Dios". (Juan 1:13).

Los tres mil convertidos en el día de Pentecostés fueron tan compungidos de corazón, que clamaron en agonía de espíritu, "Varones hermanos, ¿qué haremos?". Nacieron de nuevo en el ambiente del Espíritu de oración en el aposento alto. Fue la oración de medianoche de Pablo y Silas en la cárcel, lo que quebrantó el corazón del carcelero hasta que éste clamó: "Señores, ¿qué debo hacer para ser salvo?". (Hechos 16:30).

La Iglesia ha perdido el espíritu de oración de tal manera, que la impiedad se sienta cómodamente junto a la santidad. En vez de esto debemos de arrepentirnos y buscar el Espíritu hasta que el pecado sea confesado y limpiado. No hay cristiano poderoso en Cristo sin ser lleno del espíritu de oración. No hay mensaje ni sermón que redarguya a los inconversos, sin ser concebido por el espíritu de oración.

· Sin el espíritu de oración, nuestras oraciones serán débiles y carentes de poder y fe.

- Sin el espíritu de oración, no habrá demasiado interés por las almas perdidas sin Cristo.
- Es el Espíritu Santo el que nos ayuda en nuestras flaquezas hasta darnos los "gemidos en el espíritu" según la voluntad de Dios.
- Cuando el Espíritu nos guía en oración, podemos tener la seguridad que Dios quiere concedernos la respuesta.
- Es por el Espíritu que podemos orar la oración de fe. "La oración de fe restaurará al enfermo, y el Señor lo levantará, y si ha cometido pecados le serán perdonados". (Santiago 5:15).
- Es el espíritu de oración, el que nos impulsa a permanecer horas en agonías de espíritu, hasta que Dios mueva todo obstáculo.
- El Espíritu llena nuestras mentes por la condición de la Iglesia y del mundo, hasta que sentimos profundamente la necesidad de orar por ellos.

En ocasiones, la oración del espíritu es tan profunda, que no puede ser expresada sino con "gemidos indecibles" y con lloro. Fue la influencia del Espíritu en el huerto de Getsemaní, quien preparó al Señor para la prueba del Calvario, cuando "ofreciendo ruegos y súplicas con gran clamor y lágrimas... fue oído". Si tenemos mucho del Espíritu de Cristo, Él se manifestará en nosotros como el espíritu de súplica y ruego.

Muchos piensan que siendo llenos del Espíritu, siempre estarán completamente gozosos. Si miramos a Cristo y a los profetas veremos que esto no es cierto; los profetas antiguos, llenos del

Espíritu, lloraban y gemían a causa del pecado del pueblo de Dios. Oye a Jeremías cuando dice: "¡Alma mía, alma mía! Estoy angustiado, ¡Oh corazón mío! Mi corazón se agita dentro de mí; no callaré, porque has oído, alma mía el sonido de la trompeta, el pregón de la guerra". (Jeremías 4:19). Solamente los que no tienen el Espíritu pueden permanecer indiferentes y apáticos ante la condición del mundo y de la Iglesia.

Ahora vamos a citar algunas causas por las cuales no podemos tener el espíritu de oración.

1. No podemos tener el espíritu de oración por la falta de práctica en orar

Es muy raro encontrar, hoy en día, un cristiano que ora lo suficiente. Aún entre los ministros y obreros, la falta de oración es considerable. Las "Martas" son más comunes que las "Marías". Dios tiene muchos siervos que siempre están trabajando por Él, pero cuán pocos están a sus pies y han aprendido a trabajar con Él. María agradó al Señor más que Marta porque halló el secreto de la comunión con el Señor. Lo poquito que hagamos siendo llenos en el Espíritu de oración, valdrá mucho más que lo que hagamos en nuestra propia fuerza. Muchos de nuestros esfuerzos son en vano porque no hemos esperado primero en oración. Con esas verdades en mente, propongámonos dedicar más tiempo a la oración. Cuando estamos regularmente en la presencia de Dios es muy fácil tener mucho del espíritu de oración.

No debemos confundir el orar, con el Espíritu de oración, porque no es lo mismo. Podemos orar con el entendimiento sin la ayuda del espíritu de oración. "Entonces ¿Qué? Oraré con el espíritu, pero también oraré con el entendimiento". (1 Corintios 14:15). Tenemos el mandamiento de "con toda oración y súplica orad en todo tiempo en el Espíritu, y así velad con toda perseverancia y súplica por todos los santos". (Efesios 6:18).

Es la gracia de Dios que nos concede su Espíritu para ayudarnos y guiarnos en oración, pero es nuestro deber el orar, pues Él ha prometido enviar su Espíritu, el cual, pide por nosotros y en nosotros. La oración en el Espíritu nos es dada primeramente porque "no sabemos pedir como conviene".

En segundo lugar, su influencia aumenta nuestra fe para obtener la respuesta. Si quiere obtener el espíritu de oración, ore mucho hasta que su mente y actitud sea tal, que Dios pueda conceder su Espíritu. Si está bautizado con el Espíritu, y si diariamente tiene su tiempo de oración, podrá esperar su poder en usted.

Además de los "gemidos indecibles" el Espíritu ora a través de nosotros en otras lenguas. "Porque si yo oro en lenguas, mi espíritu ora, pero mi entendimiento queda sin fruto. Porque el que habla en lenguas no habla a los hombres, sino a Dios, pues nadie lo entiende, sino que en su espíritu habla misterios. El que habla en lenguas, asimismo se edifica". (Ver 1 Corintios 14:2,4,14).

Debemos notar que las Escrituras exigen orar con el entendimiento, orar en lenguas y orar en el Espíritu. "Con toda oración y súplica orad en todo tiempo en el Espíritu, y así, velad con toda perseverancia y súplica por todos los santos". (Efesios 6:18).

2. No podemos tener el espíritu de oración por la falta de cuidado y amor

Veamos a una madre cuyo hijo está gravemente enfermo. ¡Cómo se agita y gime! En todo momento su hijo está en su mente, no piensa en nada más que en su condición física. ¿Por qué? Porque lo ama y tiene cuidado de él. Sin el amor de Dios por las almas y los intereses de Dios, no podemos tener el espíritu de oración. Dios es amor y los que son llenos de Dios, tendrán amor por su prójimo.

Si usted tiene el amor de Dios no podrá vivir ajeno a las necesidades del mundo y de la iglesia. "Si alguno dice: Yo amo a Dios, y aborrece a su hermano, es un mentiroso; porque él que no ama a su hermano, a quien ha visto, no puede amar a Dios a quien no ha visto". (1 Juan 4:20).

El amor de Dios traerá ese espíritu de oración que caracteriza a los hijos de Dios, los cuales aman de tal manera que se dan en oración por el mundo. "Jesús dijo a Simón Pedro: Simón, hijo de Juan, ¿me amas más que éstos? Pedro le dijo: Sí, Señor Tú sabes que te quiero. Jesús le dijo: Apacienta mis corderos". (Juan 21:15).

3. No podemos tener el espíritu de oración por la falta de disciplina en nuestras vidas

El Espíritu de Cristo está ocupado en las cosas del Padre. El espíritu de ligereza que caracteriza al mundo no tiene parte con los hijos de Dios. Debemos vivir creyendo de verdad que el infierno es una realidad y que el juicio de Dios vendrá sobre los hijos de desobediencia. Es por la liviandad de algunos cristianos que muchos no se convierten. Lamentablemente, algunos creyentes no viven de acuerdo a lo que profesan creer.

"Enseñándonos que, negando la impiedad y los deseos mundanos, vivamos en este mundo sobria, justa y piadosamente". (Tito 2:12).

"Ni obscenidades, ni necedades, ni groserías que no son apropiadas, sino más bien acciones de gracias". (Efesios 5:4).

Si puedes escuchar las conversaciones de algunos cristianos, entenderás porque no tienen el espíritu de oración. "En las muchas palabras, la trasgresión es inevitable, mas el que refrena sus labios es prudente". (Proverbios 10:19). Nunca he visto un cristiano charlatán con mucho del espíritu de oración. Aprendamos a refrenar nuestra lengua, y preservar de ese modo, un espíritu de amor, honrando con ello el evangelio de Cristo. (Véase 1 Pedro 3:10).

4. No podemos tener el espíritu de oración por la falta de santidad y pureza

"No salga de vuestra boca ninguna palabra mala, sino sólo la que sea buena para edificación, según la necesidad del momento, para que imparta gracia a los que escuchan. Y no entristezcáis al Espíritu Santo de Dios, por el cual fuisteis sellados para el día de la redención". (Efesios 4:29,30).

Si nuestras conversaciones han ofendido al Espíritu de Dios, está claro que no podremos gozar del espíritu de oración. Tenemos que vivir siempre conscientes de sus deseos, rindiéndonos a los suaves impulsos de su Espíritu. Cuando Él nos guía en oración, no debemos contristar al Espíritu por nuestra desobediencia, sino vamos a darle a Dios la preeminencia. Todo en la vida es cuestión de prioridades y ninguna es más importante que estar en la presencia de Cristo y ser usado por Él en orar por las almas perdidas.

Dejemos regularmente una hora diaria para buscar el rostro de Dios, y tengamos cuidado de que nada nos impida seguir esta costumbre. Si oyes la voz del Espíritu diciendo: "levántate amada mía, hermosa mía, y ven conmigo" (Cantares 2:13), acuda a la voz del Señor y obedezca los impulsos del Espíritu, aunque sea por la noche. Quizá Él quiera hablarle en ese momento o prevenirle de algún peligro y es por eso que está llamándole a la oración.

Necesitamos vivir continuamente con la paz de Dios en el corazón y con su pureza en nuestras conciencias.

"Amados, si nuestro corazón no nos condena, confianza tenemos delante de Dios". (1 Juan 3:21). La Escritura también dice: "Y de la misma manera, también el Espíritu nos ayuda en nuestra debilidad; porque no sabemos orar como debiéramos, pero el Espíritu mismo intercede por nosotros con gemidos indecibles; y aquel que escudriña los corazones sabe cuál es el sentir del Espíritu, porque Él intercede por los santos conforme a la voluntad de Dios". (Romanos 8:26,27).

Sin la santidad es imposible poseer el espíritu de oración, porque el texto evidentemente revela que son los "santos" los que pueden experimentar su influencia.

5. No podemos tener el espíritu de oración por las distracciones y la falta de perseverancia

Tan pronto como uno se dispone a orar, ciertamente el diablo se ocupa de enviar distracciones. Como sabe lo poderoso que es un santo orando en el espíritu, sus demonios harán lo posible para impedir sus oraciones. Durante ese tiempo de oración pueden darse pensamientos, preocupaciones, llamadas telefónicas, o visitas inesperadas que vienen a quitarle el tiempo y distraerle de su propósito. Por eso Jesús dijo "Mas tú, cuando ores, entra en tu aposento, y cerrada la puerta, ora a tu Padre que está en secreto...". (Mateo 6:6). El acto de "cerrar la puerta" nos hace ver la importancia de buscar un sitio y un tiempo donde sin interrupciones podamos buscar el rostro de Dios y meditar en Su palabra.

Existen distracciones voluntarias que, por la falta de disciplina en nuestras vidas, permitimos que nos roben nuestro tiempo con Dios.

Otro impedimento a la oración es la falta de perseverancia. La viuda fue al juez injusto pidiendo justicia, continuó detrás de él hasta que se cansó de sus llamadas y tomó su causa para defenderla.

Jesús utilizó esta historia para contrastar el juez injusto con el Dios justo y misericordioso. No lo comparó, sino que lo puso en contraste, explicando que, si el juez injusto, que no temía a Dios, ni se preocupaba de la gente, fue movido a actuar por la persistencia de esta mujer, cuanto más Dios vengará a sus hijos, del que quiere robar nuestra herencia en Cristo y los beneficios del Calvario. He aquí la necesidad de perseverar en oración hasta que nuestras oraciones penetren las tinieblas espirituales y llegue la respuesta.

"La oración eficaz del justo puede mucho". (Santiago 5:16). Esta oración en el Espíritu puede ablandar los corazones y cambiar situaciones, haciendo posible la conversión de las almas y que se desmorone la resistencia del corazón del pecador.

6. No podemos tener el espíritu de oración por contristar al Espíritu Santo

Otro impedimento a la oración es cuando hemos contristado al Espíritu Santo. "Y no contristéis al Espíritu Santo de Dios, con el cual fuisteis sellados para el día de redención". (Efesios 4:30).

Podemos contristar al Espíritu Santo:

- Por la desobediencia a Dios, o a las autoridades por Él establecidas, tales como los padres, pastores, líderes, esposos, etc.
- Por la liviandad en la forma de comportarse.
- Por nuestras conversaciones vanas.
- Al preocuparnos por cosas mundanas.
- Al no hacer caso a los impulsos del Espíritu.
- Por el endurecimiento del corazón, hasta no sentir el llamado del Espíritu a la oración.
- Por desavenencias, discusiones, griterías y la falta de respeto hacia los demás. Somos un cuerpo, y cuando pecamos contra la sensibilidad o la conciencia de un hermano o pariente, el Espíritu, como paloma se retira.

Algunos símbolos del Espíritu Santo son: La paloma, el viento, el fuego, el agua, y la sangre. Como la sangre da vida al cuerpo, el Espíritu Santo da vida a su cuerpo –la iglesia–. Cuando Cristo dijo: "De cierto, de cierto os digo: si no coméis la carne del Hijo del Hombre, y bebéis su sangre, no tenéis vida en vosotros" (Juan 6:53), se refería a beber de su espíritu y comer de su palabra. El verbo hecho carne; al no alimentarnos y aprovecharnos de los medios de gracia que Dios ha provisto, vamos perdiendo vida y las ganas de orar.

7. No podemos tener el espíritu de oración por la duda

Otro impedimento a la oración es la duda, al no creer que Dios escuche, pueda o quiera intervenir en nuestras circunstancias. La Biblia dice: "Pero sin fe es imposible agradar a Dios; porque es necesario que el que se acerca a Dios crea que le hay, y que es galardonador de los que le buscan". (Hebreos 11:6).

"Por tanto, os digo que todo lo que pidiereis orando, creed que lo recibiréis, y os vendrá". (Marcos 11:24).

Uno puede llegar a perder sus fuerzas dejando de orar, cuando –aparentemente– no se producen los resultados esperados. Es allí donde la fe cruza la sima y nos lleva a la presencia de Dios. Solamente la oración en el Espíritu nos da la seguridad de que Dios nos escucha. "Y esta es la confianza que tenemos en Él, que si pedimos alguna cosa conforme a su voluntad, Él nos oye. Y si sabemos que Él nos oye en cualquiera cosa que pidamos, sabemos que tenemos las peticiones que le hayamos hecho". (1 Juan 5:14,15).

Orando en el Espíritu podemos asegurarnos que Dios nos oye, ya que "por medio de Él los unos y los otros tenemos entrada por un mismo Espíritu al Padre". (Efesios 2:18). Examínese a la luz de estas verdades y procure con diligencia no dejar pasar otro día sin tener el espíritu de oración.

Dios lo ha prometido, usted lo necesita, la Iglesia lo espera, y Dios quiere concederlo. "Sed llenos del Espíritu". Amén.

CAPÍTULO 8

LOS DONES DEL ESPÍRITU SANTO

"Pero a cada uno se le da la manifestación del Espíritu para el bien común. Pues a uno le es dada palabra de sabiduría por el Espíritu; a otro, palabra de conocimiento según el mismo Espíritu; a otro fe por el mismo Espíritu; a otro dones de sanidad por el único Espíritu; a otro poder de milagros; a otro de profecía; a otro, discernimiento de espíritus; a otro diversas clases de lenguas, y a otro, interpretación de lenguas. Pero todas estas cosas las hace uno y el mismo Espíritu, distribuyendo individualmente a cada uno según la voluntad de Él". (1 Corintios 12:7-11).

"En cuanto a los dones espirituales no quiero, hermanos, que seáis ignorantes". (1 Corintios 12:1).

La voluntad de Dios es que conozcamos las cosas del Espíritu

Es la voluntad de Dios que conozcamos las cosas del Espíritu que nos son dadas libremente y que entendamos cómo operan los dones. A pesar de las explicaciones tan claras que hay en las Escrituras, existe un gran desconocimiento en la iglesia acerca de los dones del Espíritu. Una de las razones es porque "el hombre natural no acepta las cosas del Espíritu de Dios, porque para él son necedad; y no las puede entender, porque se disciernen espiritualmente". (1 Corintios 2:14).

Creo que la falta de conocimiento acerca de los dones es una de las causas por la cual no tienen su debido lugar en nuestras reuniones. Algunos, por temor al exceso de fanatismo, cierran sus mentes a lo verdadero y rechazan todas las manifestaciones del Espíritu. En estos últimos días Dios está restaurando los dones del Espíritu y el poder que existía en la Iglesia primitiva.

"Entonces os compensaré por los años que han comido la langosta, el pulgón, el saltón y la oruga, mi gran ejército, que enviaré contra vosotros". (Joel 2:25).

No solamente tenemos la promesa de la restauración del poder de Dios en su Iglesia, sino también en estos últimos días, Dios está haciendo y hará cosas más grandes que en el principio. "La gloria postrera de esta casa será mayor que la primera dice el Señor de los ejércitos". (Hageo 2:9).

Dios nos enviará la lluvia temprana y tardía. La restauración de los dones del Espíritu y los grandes milagros y señales que se hacen en el nombre de Cristo, son una señal positiva de que la venida del Señor está cerca. Jesús dijo: "Y será predicado este evangelio del reino en todo el mundo, para testimonio a todas las naciones; y entonces vendrá el fin". (Mateo 24:14).

Los dones del Espíritu Santo

El Espíritu Santo trae los nueve dones y opera para la edificación de la Iglesia y para provecho de cada creyente. "Pero a cada uno se le da la manifestación del Espíritu para el bien común". (1 Corintios 12:7). Los dones del Espíritu se pueden clasificar en tres partes para suplir las necesidades de la Iglesia. Estas tres categorías son los dones de expresión, dones de revelación y dones de poder.

A. Dones de expresión

· Don de profecía.
· Don de género de lenguas.
· Don de interpretación de lenguas.

B. Dones de revelación

· Palabra de sabiduría.
· Palabra de ciencia.
· Discernimiento de espíritus.

C. Dones de poder

· Don de fe.
· Dones de sanidades (plural).
· Operaciones de milagros.

Todos los dones son operados por el Espíritu Santo en el creyente, como instrumento usado en la manifestación del don.

Los dones son sobrenaturales y operados por el Espíritu siempre con la colaboración de la persona.

La idea errónea, por ejemplo, que los médicos tienen el don de sanidad porque ayudan a los enfermos, está fuera de lo que la Biblia enseña. No hace falta la manifestación del Espíritu para practicar la medicina o la enfermería. Gracias a Dios por ellos, pero son producto de la enseñanza y la ciencia. La única medicina que prescribe la Biblia es la unción de aceite en el nombre del Señor, la imposición de manos y la oración de fe.

Otro error consiste en afirmar que alguien dotado con un talento musical, por ejemplo, tiene "don de música". Son dones naturales que Dios puede utilizar, pero "los carismas" (o manifestaciones) del Espíritu son claramente descritas en el texto.

Otros hablan del don de intercesión, que tampoco se menciona entre los nueve dones. Al contrario, es una obligación de cada creyente el orar en el Espíritu "con todo ruego y suplica".

Los dones son dados por el Espíritu y repartidos particularmente a cada uno como Él quiere. La voluntad de Dios es que anhelemos los dones y procuremos los mejores dones para la edificación. "Mas desead ardientemente los mejores dones". (1 Corintios 12:31).

Los dones del Espíritu son dados para hacer las obras que Cristo hizo

Todos los dones del Espíritu estaban operando en la vida y ministerio de Cristo porque le fue dado el Espíritu sin medida.

La Iglesia, el cuerpo místico de Cristo, debe tener los mismos dones en operación y así continuar con las obras que Cristo comenzó a realizar. "En verdad, en verdad os digo: él que cree en mí, las obras que yo hago, él las hará también; y aún mayores que éstas hará, porque yo voy al Padre". (Juan 14:12).

Esta promesa no es dada solamente al Cuerpo de Cristo (la Iglesia), sino a todo "el que cree". Esta promesa se entiende que sería dada cuando Jesús fuese al Padre y con ello, daría el Espíritu Santo a la Iglesia. "Pero os digo la verdad: Os conviene que me vaya; porque si no me voy, el Consolador no vendrá a vosotros; pero si me voy, os lo enviaré". (Juan 16:7).

El secreto de poder hacer las mismas obras y "mayores que éstas", consiste en la venida del Espíritu Santo que es derramado sobre "toda carne" que lo recibe. El Espíritu Santo estaba limitado en el cuerpo de Cristo, pero ahora se encuentra en todas partes. Nosotros, sus discípulos llenos y guiados por el Espíritu, somos su voz, hablando con autoridad y poder, la Palabra de Dios. Debemos ser sus ojos, viendo las necesidades de la humanidad y sus oídos para oír con compasión la voz del afligido. Nuestros miembros deben ser presentados a Él como sacrificio vivo y santo, aceptable a Dios (Véase Romanos 12:1) para hacer las obras de sanidad y liberación que Él opera a través de nosotros.

El cuerpo místico de Cristo está compuesto de muchos miembros, cada uno tiene su función y su propio lugar en el ministerio. Cada miembro del cuerpo debe ser lleno del Espíritu y tener su función en el cuerpo, participando en la edificación de los demás.

Además de los dones del Espíritu tenemos los dones de ministración. "De manera que, teniendo diferentes dones, según la gracia que nos es dada, si el de profecía, úsese conforme a la medida de la fe; o si de servicio, en servir; o el que enseña, en la enseñanza; el que exhorta, en la exhortación; el que reparte, con liberalidad; el que preside, con solicitud; el que hace misericordia, con alegría". (Romanos 12:6-8).

No puedo ver la posibilidad de tener los dones del Espíritu en operación sin antes ser bautizado en el Espíritu, aunque los frutos del Espíritu empiezan a ser manifestados con el nuevo nacimiento. Cuando hablo de los dones del Espíritu, el lector no debe confundirlos con los frutos ni los dones del ministerio dados a la Iglesia. (Véase Gálatas 5:22,23).

- Los dones o manifestaciones dados por el Espíritu son: don de palabra de sabiduría, don de palabra de conocimiento, don de fe, dones de sanidad, don de poder de milagros, don de profecía, don de discernimiento de espíritus, don de diversas clases de lenguas, don de interpretación de lenguas.

- Asimismo, los frutos del Espíritu son nueve. "Mas el fruto del Espíritu es amor, gozo, paz, paciencia, benignidad, bondad, fidelidad, mansedumbre, dominio propio; contra tales cosas no hay ley". (Gálatas 5:22,23).
- Los ministerios dados a la Iglesia por Cristo son cinco: apóstoles, profetas, evangelistas, pastores y maestros, y son dados "a fin de capacitar a los santos para la obra del ministerio, para la edificación del cuerpo de Cristo". (Efesios 4:11,12).

La multiforme gracia de Dios opera a través del Espíritu Santo por medio de manifestaciones sin límite para la edificación de la Iglesia, para hacer la obra de evangelismo y para suplir las necesidades de los seres humanos. Dios no tiene límites, por lo tanto, Él obra a través de su pueblo de múltiples formas para beneficiar la humanidad.

Los cinco ministerios en la Iglesia

Antes de continuar sobre el tema de los dones del Espíritu, daremos una breve explicación de los cinco dones del ministerio, para que en los discursos futuros no haya confusión.

"Ahora bien, hay diversidad de dones, pero el Espíritu es el mismo. Y hay diversidad de ministerios, pero el Señor es el mismo". (1 Corintios 12:4,5). Note la distinción entre los dones repartidos por el Espíritu y los ministerios dados por el Señor. Los dones ministeriales son una evidencia de Cristo obrando en su pueblo.

"Y Él (Jesús) dio a algunos el ser apóstoles, a otros profetas, a otros evangelistas, a otros pastores y maestros, a fin de capacitar a los santos para la obra del ministerio, para la edificación del cuerpo de Cristo; hasta que todos lleguemos a la unidad de la fe y del conocimiento pleno del Hijo de Dios, a la condición de un hombre maduro, a la medida de la estatura de la plenitud de Cristo". (Efesios 4:11-13).

Estos dones del ministerio dados para la perfección de la Iglesia estarán en ella hasta el día de la venida del Señor, cuando seremos arrebatados con Él al Cielo. Es muy fácil discernir que la Iglesia actual está todavía muy lejos de la medida de la edad de la plenitud de Cristo, por lo tanto, es preciso tener estos ministerios en la Iglesia, pues Dios los ha concedido para el reino espiritual. El no reconocerlos ha causado que la Iglesia esté dividida y gobernada carnalmente en muchos instantes. No puedo ahora tratar este asunto más ampliamente, pero era preciso aclarar la diferencia entre los dones del Espíritu y los ministerios dados a la Iglesia por nuestro Señor resucitado.

San Pablo aclara que los dones del Espíritu dejarán de ser necesarios cuando venga lo perfecto. "Pero cuando llegue lo perfecto, lo imperfecto desaparecerá". (1 Corintios 13:10) ¿Que significa lo perfecto y cuando vendrá? Claro está que no es ahora, sino algo venidero. "Ahora vemos de manera indirecta y velada, como en un espejo; pero entonces veremos cara a cara". Ahora no le vemos a Jesús cara a cara sino vivimos por la fe, no por la vista. Ahora conozco de manera imperfecta, pero entonces conoceré tal y como soy conocido". (1 Corintios 13:12). Dios nos conoce perfectamente, pero nosotros aún nos queda mucho por conocer de Él. No obstante, un día le veremos cara a cara y este velo será quitado. Por lo tanto, los dones del Espíritu tales como la palabra de ciencia, la palabra de sabiduría, profecía, las lenguas e interpretación, etc. son necesarios para que podamos entender mejor la mente de Dios, pues sus pensamientos no son nuestros pensamientos, aunque el Espíritu Santo nos los revela cuando es necesario y como Él quiere. ¿Qué debemos hacer entonces? Desear los dones mejores, tal y como leemos en 1 Corintios 12:31.

Los dones del Espíritu y su función en el cuerpo místico de Cristo

"¿Qué hay que hacer, pues, hermanos? Cuando os reunís, cada cual aporte salmos, enseñanza, revelación, lenguas o interpretación. Que todo se haga para edificación". (1 Corintios 14:26).

El plan de Dios para la Iglesia es que cada miembro tenga su ministerio y que cada persona participe en la edificación de los demás. En la construcción de la Iglesia espiritual, el edificador tiene un lugar para cada "piedra viva" en la construcción de este templo para la habitación del Espíritu. "También vosotros, como piedras vivas, sed edificados como casa espiritual para un sacerdocio santo, para ofrecer sacrificios espirituales aceptables a Dios por medio de Jesucristo". (1 Pedro 2:5).

En el texto hemos leído que "cada uno" debe tener su parte en la operación de los dones que nos son dados. Puede existir la situación que, habiendo demasiados miembros presentes, no pueda cada uno tomar parte en cada culto. En este caso, el que preside debe guardar el orden según la guía del Espíritu Santo. Confiamos en la inteligencia del Espíritu omnisciente para ordenar y dirigir a través del ministro que preside, si éste es lleno del Espíritu.

Teniendo diferentes dones según la gracia que nos es dada, debemos usar los dones conforme a la medida de fe, para la gloria de Dios. Cuando hablo de "dones", el lector debe entender que no me refiero a los dones naturales o talentos, sino a los dones sobrenaturales del Espíritu. Como en el cuerpo físico todos nuestros miembros obran para el beneficio del cuerpo, así debe ser en la Iglesia, el cuerpo místico de Cristo. En el cuerpo físico, la mente gobierna las acciones del cuerpo y todo es coordinado para la salud y beneficio del cuerpo. En una persona incapacitada o paralítica, los miembros enfermos no funcionan según los impulsos enviados desde la cabeza, y por causa de la enfermedad, no reciben los impulsos de los nervios.

La Iglesia tiene como su cabeza a Cristo Jesús, y recibe los mandamientos enviados por Cristo a través de su Espíritu. "...Cristo es la cabeza de la Iglesia, siendo Él mismo el Salvador del cuerpo". (Efesios 5:23). Cristo sustenta y cuida de la Iglesia porque somos miembros de su cuerpo, de su carne y de sus huesos. "Porque así como el cuerpo es uno, y tiene muchos miembros, pero todos los miembros del cuerpo, aunque son muchos, constituyen un solo cuerpo, así también es Cristo". (1 Corintios 12:12).

En muchos aspectos, la Iglesia en la actualidad, estando dividida por rencores, envidias y falsas doctrinas, está enferma y sin poder. La Escritura nos exhorta a que nos esforcemos "por preservar la unidad del Espíritu en el vínculo de la paz". (Efesios 4:3). Por falta de ser llenos del Espíritu, la Iglesia ha sido guiada por dirigentes carnales y en vez de ser un cuerpo saludable y fuerte, parece más bien una máquina política. No digo que el cuerpo místico de Cristo esté dividido y enfermo, es la iglesia que vemos con los ojos naturales. El cuerpo místico de Cristo es perfecto y glorioso, santificado por el lavamiento del agua de la Palabra hasta que sea una Iglesia sin mancha ni arruga. Aún en medio de la apostasía y decaimiento del día presente, Cristo tiene a su Iglesia, controlada por su Espíritu e indivisible en el amor. No creo que la Iglesia verdadera vaya a ser una organización visible debajo de una cabeza humana como de una iglesia mundial. Antes, cuando veamos esto acontecer, podemos estar muy seguros que es el Anticristo cuyo advenimiento es por obra de Satanás. Creo que Dios puede usar las distintas denominaciones en su plan de reunirlas en un solo cuerpo, y que cada denominación que tenga las doctrinas fundamentales correctas pueda entrar en el plan de Dios. Lo que separa y divide a los hermanos es el prejuicio y la falta del amor de Dios.

La unidad del cuerpo de Cristo no se ha de ver como una iglesia mundial, sino como una unidad espiritual, lo que es manifestado por el amor de Dios.

En su oración, Cristo dijo: "Para que todos sean uno. Como tú, oh Padre, estás en mí y yo en ti, que también ellos estén en nosotros, para que el mundo crea que tú me enviaste". (Juan 17:21). La unidad que Cristo disfrutó con el Padre no era física sino espiritual; Dios en Él y Él en Dios. La unidad que la Iglesia debe tener no será necesariamente física, sino la unidad que tenemos como miembros los unos de los otros, unidos en un mismo espíritu y en un mismo amor. Llegamos a ser parte del cuerpo místico de Cristo, no por ser meramente miembros de una iglesia local, sino por ser nacidos en la familia de Dios por el Espíritu.

"Pues por un Espíritu todos fuimos bautizados en un cuerpo... y a todos se nos dio a beber de un Espíritu". (1 Corintios 12:13). El bautismo aquí referido, es el bautismo espiritual en el cuerpo místico e invisible de Cristo, que transcurre en el momento que creemos y somos nacidos de nuevo. Por el hecho de recibir a Cristo como nuestro único y suficiente Salvador, somos participantes de la familia de Dios, y coherederos con Cristo Jesús.

"Pero a todos los que le recibieron, les dio el derecho de llegar a ser hijos de Dios, es decir, a los que creen en su nombre, que no nacieron de sangre, ni de voluntad de la carne, ni de la voluntad del hombre, sino de Dios". (Juan 1:12,13).

Los dones del Espíritu Santo

Debemos reconocer nuestra unión con la cabeza (Cristo) y nuestra unidad los unos con los otros. Si somos bautizados en el cuerpo de Cristo por la fe, somos miembros de su carne y de sus huesos, y nos conviene amarnos los unos a los otros, a pesar de nuestras pequeñas diferencias. "A fin de que en el cuerpo no haya división, sino que los miembros tengan el mismo cuidado unos por otros". (1 Corintios 12:25).

El don de géneros de lenguas

Antes de entrar en la explicación del don de "géneros de lenguas", es necesario aclarar la diferencia entre el don de géneros de lenguas y las lenguas como evidencia o señal de que hemos recibido el bautismo en el Espíritu Santo.

No todos los que hablan en lenguas tienen el don de "géneros de lenguas". Cuando el Espíritu viene a morar en el creyente por el bautismo en el Espíritu, la manifestación inicial es el hablar en lenguas y puede ser acompañada con profecía. "Y habiéndoles impuesto Pablo las manos, vino sobre ellos el Espíritu Santo; y hablaban en lenguas y profetizaban". (Hechos 19:6). Él muestra su presencia al hablar, usando nuestras facultades y nuestra lengua.

Después del bautismo inicial en el Espíritu Santo, el creyente debe hablar en lenguas en sus devocionales personales, para edificarse a sí mismo y para hablar misterios en el Espíritu. Cuando San Pablo pregunta: ¿Hablan todos en lenguas?, no se refiere a hablar en lenguas en oración, ni como evidencia del bautismo recibido, sino al don de géneros de lenguas. Este don debe ser usado en la iglesia juntamente con el don de interpretación de lenguas para que el cuerpo (la iglesia) reciba edificación.

El hablar en lenguas extrañas es muy necesario y provechoso como dice la Escritura: "Porque el que habla en lenguas no habla a los hombres, sino a Dios, pues nadie lo entiende, sino en su espíritu habla misterios". (1 Corintios 14:2). La oración en lenguas es como una línea directa del Espíritu Santo en nosotros, con el Padre, y produce crecimiento y fuerza espiritual al que ora de esta manera. "El que habla en lenguas, a sí mismo se edifica. Porque si yo oro en lenguas, mi espíritu ora... Entonces ¿Qué? Oraré con el Espíritu, pero también oraré con el entendimiento". (1 Corintios 14:4,14,15).

Así que el hablar en lenguas es para hablar con Dios en el espíritu, para hablar misterios, para edificarse a sí mismo, y para ser usado en la iglesia juntamente con el don de interpretación de lenguas.

San Pablo escribió, "Si yo hablase lenguas humanas y angélicas, y no tengo amor, vengo a ser como metal que resuena, o címbalo que retiñe". (1 Corintios 13:1).

En el capítulo anterior el apóstol nos lista los dones, incluyendo el don de géneros de lenguas como una manifestación del Espíritu. Entendemos que las lenguas se dividen en dos categorías, humanas y angélicas. En el día de Pentecostés, se oyeron lenguas humanas, cada uno les oía en su lengua hablando las maravillas de Dios. "Cretenses y árabes, les oímos hablar en nuestras lenguas las maravillas de Dios". (Hechos 2:11).

Hay que diferenciar entre las lenguas como señal del bautismo, y las lenguas como un don que se manifiesta juntamente con el don de interpretación de lenguas.

· Las lenguas como una señal: "Y estas señales seguirán a los que creen: En mi nombre echarán fuera demonios; hablarán nuevas lenguas". (Marcos 16:17).

· Las lenguas para edificación de la Iglesia: "Por lo cual, el que habla en lengua extraña, pida en oración poder interpretarla". (1 Corintios 14:13).

¿Se Terminaron las lenguas?

Quienes se aferran al texto de 1 Corintios 13:8 donde leemos que "las lenguas cesarán", proponen que "lo perfecto", a lo que se refiere San Pablo, era la terminación de las lenguas cuando se acababa de escribir la Biblia. "...Pero las profecías se acabarán, y cesarán las lenguas, y la ciencia acabará...más cuando venga lo perfecto, entonces lo que es en parte se acabará. En parte conocemos y en parte profetizamos; pero cuando venga lo perfecto, entonces lo que es en parte se acabará". (1 Corintios 13:8-10).

Este argumento no tiene base bíblica ni lógica. San Pablo en el versículo 12, explica: "Ahora vemos por espejo, oscuramente; pero entonces veremos cara a cara. Ahora conozco en parte, pero entonces conoceré como fui conocido." ¿Cuándo será esto? No en esta vida, sino cuando le veamos y seamos como Él, conociendo como somos conocidos.

Enseñando acerca de las señales que en el creyente se manifestarían hasta el fin del mundo, Jesús dijo: "Estas señales seguirán a los que creen: En mi nombre hablarán en nuevas lenguas". En este mismo texto habla acerca del bautismo en agua: "Y les dijo: Id por todo el mundo y predicad el evangelio a toda criatura. El que creyere y fuere bautizado, será salvo; mas el que no creyere, será condenado". (Marcos 16:15,16). Si seguimos bautizando en agua ¿Por qué no lo otro? Es decir, ¿Por qué no seguir hablando en lenguas como una señal hasta el fin? San Pablo dijo, "No impidáis el hablar en lenguas" (1 Corintios 14:39). En algunas Iglesias te echarán si lo haces.

Pero San Pablo también dice que si no hay intérprete del mensaje en lenguas, que hable consigo mismo, es decir, que no lo manifieste en público. (1 Corintios 14:23). También explica que si hubiera indoctos, es decir, personas que no entienden las cosas espirituales, pensarán que estáis locos. ¿Esto significa que se prohíbe dar un mensaje en lenguas? ¡No, en absoluto! Pero sí exhorta a que se haga todo decentemente y con orden. Que se haga, ¡no que se elimine! "Pero hágase todo decentemente y con orden". (1

Los dones del Espíritu Santo

Corintios 14:40). Los niños necesitan aprender obediencia y disciplina; los niños espirituales también.

Entre los demás dones mencionados en 1 Corintios 12, se halla el don de lenguas. No se pueden aceptar los dones que uno quiere, y rechazar los otros. El orden en un culto es claro. "¿Qué hay, pues, hermanos? Cuando os reunís, cada uno de vosotros tiene salmo, tiene doctrina, tiene lengua, tiene revelación, tiene interpretación. Hágase todo para edificación". (1 Corintios 14:26).

Si con el cierre de las Escrituras y el énfasis en el amor (1 Corintios 13) se acabaran los dones, ¿por qué San Pablo después de hablar del amor como la perfección de la vida espiritual, continúa diciendo en el capítulo 14: "seguid el amor; y procurad los dones mejores sobre todo que profeticéis?".

El don de lenguas junto con el don de interpretación de lenguas equivale a la profecía. Aquí el apóstol pone el énfasis en la edificación de la Iglesia y la superioridad del don de profecía respecto al don de lenguas. (1 Corintios 14:5,12).

La predicación de la palabra y el don de profecía son diferentes y no se debe torcer la Biblia para justificar la ausencia de los dones. El don de profecía para la edificación de la Iglesia es espontáneo y dado en ese momento para:

· Fortalecer (edificación).
· Animar (exhortación).

· Consolar (consolación).

Entonces, ¿para qué sirven las lenguas hoy?

· Como señal para los incrédulos. (1 Corintios 14:22).
· Como señal del bautismo en el Espíritu. (Hechos 10:45,46).
· Para fortalecer y edificar al que habla. (1 Corintios 14:4).
· Para orar en el Espíritu. (1 Corintios 14:15).
· Para cantar en el Espíritu. (1 Corintios 14:16).

Un mensaje en lenguas juntamente con el don de interpretación de lenguas confirma la palabra predicada, nunca sustituye a la predicación. Los dones del ministerio son: apóstoles, profetas, evangelistas, pastores y maestros, y se hallan por encima en autoridad a los dones del Espíritu. Si se entendiese esta verdad se evitarían muchos errores en la Iglesia, como es el de levantar a alguien que tenga un don de ciencia o sanidad, por encima de los dones ministeriales, y tomando todo lo que sale por su boca como palabra de Dios. La Iglesia está fundada sobre el ministerio de los apóstoles y profetas, no sobre los dones carismáticos.

En los más de sesenta años que estoy en la Iglesia he visto muchos desórdenes y equivocaciones por esta misma razón. La Biblia se debe tomar entera, y el Nuevo Testamento como reglamento y norma para hoy hasta la terminación de esta dispensación, evitando tomar lo que nos gusta y dejando lo demás. Los planes del arquitecto están hechos, tengamos cuidado como sobreedificamos.

Por la falta de consagración y fe, hemos sido empobrecidos y en vez de corregir nuestro andar, tratamos de cambiar la Biblia. Pero quien añada o quite algo de las Escrituras será juzgado por ello. ¿Y qué se hace con los abusos y desórdenes que se ven en las Iglesias que profesan estar llenas del Espíritu? Simplemente se ha de aportar luz, corregir lo deficiente y poner orden. No se descartan los dones que Dios ha dado, simplemente porque existan personas indisciplinadas que no obedecen la palabra.

Los dones del Espíritu no son señales de una espiritualidad superlativa en aquellos que los manifiestan, sino que nos recuerdan la misericordia de Dios, quien desea equipar a su Iglesia.

Los soldados están enseñados a utilizar las armas antes de ser enviados a la guerra. Las armas de Dios no son juguetes, sino herramientas que Dios ha dado para la guerra espiritual y para la edificación de la Iglesia.

Algunas personas preguntan: "¿y eso de que tomarán serpientes, es para hoy?". Claramente Dios no quiere que lo tentemos, tomando serpientes, sino que, si acaso somos mordidos por una, o tomamos algo mortífero equivocadamente, podemos tener la protección de Dios como la tuvo San Pablo cuando le mordió una serpiente venenosa y la sacudió en el fuego sin sufrir daño alguno. Cristo también dijo: "pisarán serpientes y escorpiones", refriéndose a los espíritus malignos que se esconden y que muerden al descuidado y al que no tiene los pies calzados con el apresto del Evangelio.

Juntamente con los dones de expresión, debemos tener discernimiento para juzgar tanto la manifestación de lenguas, como las profecías. No podemos impedir los abusos y los errores, pero sí debemos enseñar el uso correcto de lo que Dios ha dado, y separar lo puro de lo sucio. Amén.

Lenguas como evidencia del bautismo en el Espíritu Santo

Con el advenimiento del Espíritu Santo en el día de Pentecostés, los dones fueron derramados sobre los creyentes. El don de lenguas acompañó al descenso del Espíritu Santo, cuando por expresiones espontáneas, el Espíritu habló a los judíos reunidos, cumpliendo las profecías de Joel y de Isaías. "Todos fueron llenos del Espíritu Santo y comenzaron a hablar en otras lenguas, según el Espíritu les daba habilidad para expresarse". (Hechos 2:4).

En la casa de Cornelio encontramos también la manifestación de las lenguas como una evidencia de que los gentiles también habían sido bautizados con el Espíritu Santo. "Y todos los creyentes que eran de la circuncisión, que habían venido con Pedro, se quedaron asombrados, porque el don del

Espíritu Santo había sido derramado también sobre los gentiles, pues les oían hablar en lenguas y exaltar a Dios". (Hechos 10:45,46).

Los creyentes en Samaria hablaron en lenguas al recibir al Espíritu Santo, y aunque no se mencione específicamente tal hecho en esta porción de la Escritura, podemos deducir que había ciertas manifestaciones visibles. "Entonces les imponían las manos, y recibían el Espíritu Santo. Cuando Simón vio que el Espíritu se daba por la imposición de las manos de los apóstoles, les ofreció dinero". (Hechos 8:17,18).

Notemos que San Pablo recibió el Espíritu Santo por la imposición de las manos de Ananías, y aunque la evidencia de lenguas extrañas no es mencionada, Pablo lo confirma en su Epístola: "doy gracias a Dios que hablo en lenguas más que todos vosotros". (1 Corintios 14:18). Veintitrés años después del día de Pentecostés, tenemos mención de la señal de lenguas y de la profecía, cuando el Espíritu Santo descendió en Éfeso. "Y cuando Pablo les impuso las manos, vino sobre ellos el Espíritu Santo, y hablaban en lenguas y profetizaban". (Hechos 19:6).

Por estos ejemplos mencionados en las Escrituras, podemos concluir positivamente que la señal de hablar en lenguas extrañas debe acompañar al bautismo en el Espíritu Santo. Además de las Escrituras, tengo experiencia de haber visto multitudes bautizadas en el Espíritu Santo y todos hablaron en lenguas como el Espíritu les daba que hablasen. Algunos tardan un tiempo en hablar claramente en lenguas después de recibir el Espíritu Santo, pero esta no suele ser la norma, sino la excepción.

El don de géneros de lenguas y su operación en la iglesia

Ahora vamos a tratar con el don de géneros de lenguas, o sea, los mensajes en lenguas. Este don juntamente con el don de interpretación de lenguas es para edificación de la Iglesia, es decir, para confirmar la predicación y para dar un mensaje espontáneo al pueblo.

Géneros de lenguas son expresiones sobrenaturales dadas por el Espíritu a través del creyente para la edificación de la Iglesia. Este don es dado según la voluntad del Espíritu y repartido como Él quiere para provecho. Por esta causa San Pablo pregunta: "¿Hablan todos lenguas?". No todos tienen el don de géneros de lenguas porque el texto declara: "... a otro, diversas clases de lenguas, y a otro, interpretación de lenguas, pero todas estas cosas las hace uno y el mismo Espíritu, distribuyendo individualmente a cada uno según la voluntad de Él". (1 Corintios 12:10,11).

Aunque el don de géneros de lenguas no es dado a todos, las lenguas sí constituyen una señal para todo creyente como es aclarado por las últimas palabras de Cristo. "Y estas señales acompañarán a los que han creído: En mi nombre echarán fuera demonios, hablarán en nuevas lenguas". (Marcos

16:17). Las expresiones espirituales en lenguas deben ser ejercitadas regularmente en nuestras oraciones, como vemos muy claramente en las Escrituras.

El don de "géneros de lenguas" incluye lenguas conocidas de hombres, y las lenguas angélicas, o sea, lenguas espirituales. Cuando San Pablo menciona la necesidad del amor en el ejercicio de los dones, declara: "Si yo hablara lenguas humanas y angélicas, pero no tengo amor, he llegado a ser como metal que resuena o címbalo que retiñe". (1 Corintios 13:1). Sean lenguas humanas o lenguas angélicas, en las dos ocasiones no son comprendidas por quien las habla, pues son lenguas extrañas.

Cuando el que habla se expresa en un idioma conocido y entendido por él, en un mensaje espontáneo del Espíritu, es la manifestación del don de profecía. En el día de Pentecostés, Dios usó lenguas humanas para manifestar sus maravillas a todos los judíos que se habían congregado en Jerusalén para la fiesta de Pentecostés. "Y al ocurrir este estruendo, la multitud se juntó; y estaban desconcertados porque cada uno les oía hablar en su propia lengua". (Hechos 2:6). Lenguas angélicas son a las que se refirió San Pablo cuando dijo: "Por tanto, si toda la iglesia se reúne y todos hablan en lenguas, y entran algunos sin ese don o incrédulos, ¿no dirán que estáis locos?". (1 Corintios 14:23). Aquí podemos notar que las lenguas referidas eran desconocidas o angélicas, porque los incrédulos no las podían entender.

La regla de operar los dones del Espíritu en la Iglesia es la de "ser excelentes para la edificación de la Iglesia". Todos los dones deben ser operados decentemente y con orden. El don de géneros de lenguas es la expresión del Espíritu Santo expresando un mensaje espiritual para edificación y exhortación. Como he dicho antes, no toda expresión en lenguas es un mensaje, sino que puede tratarse de una evidencia del bautismo en el Espíritu, una oración en el Espíritu, o una alabanza o canto espiritual.

El don de géneros de lenguas debe ser operado juntamente con el don de interpretación de lenguas para que se entienda la intención o el sentido del mensaje dado por lengua extraña.

Notemos que no es necesariamente la "traducción" de lo expresado en lenguas, sino la "interpretación"; en otras palabras, el significado del mensaje en lenguas. Dios ordena a quien tiene el don de géneros de lenguas, que pida el don de interpretación de lenguas para que la iglesia sea edificada. "Por tanto, el que habla en lenguas, pida en oración para que pueda interpretar". (1 Corintios 14:13).

Así vemos que una persona puede tener más de un don operando en ella, según la necesidad que exista. Si la persona con el don de géneros de lenguas no tiene el don de interpretación de lenguas, y sabe con seguridad que no hay nadie presente en ese momento que lo tenga, entonces es exhortado a callar.

"Pero si no hay intérprete, que guarde silencio en la Iglesia y que hable para sí y para Dios". (1 Corintios 14:28).

Los mensajes en lenguas en un culto no deben pasar el número de tres. "Si alguno habla en lenguas, que hablen dos, o a lo más tres, y por turno, y que uno interprete". (1 Corintios 14:27). Cuando la unción del Espíritu viene sobre alguno, es siempre para provecho y edificación. El creyente en ejercicio de los dones debe buscar la mente del Espíritu para conocer su voluntad y no agotar o estorbar la unción por una mera emoción. Por experiencia el creyente puede asegurar si la unción es para ejercitar un don, para orar o para alabanza en el Espíritu. Cuando la unción viene sobre el creyente para ejercitar un don, éste debe ponerse de pie y así recibir la atención y el permiso de quien dirige la reunión, el cual le instará a seguir o a esperar, y entonces dará su mensaje en lenguas, profetizará, etc. Porque los dones deben ser sumisos a los cinco ministerios. Así, si el ministro está predicando o en medio de cierta enseñanza, puede terminar su pensamiento y dar lugar al mensaje del Espíritu. Los demás en la iglesia deben esperar con atención el mensaje y guardar silencio, mientras se da dicho mensaje. El don de interpretación de lenguas siempre tiene que seguir al don de géneros de lenguas y no puede precederlo. Si la interpretación no viene en varios minutos, entonces el culto debe proseguir.

El don de géneros de lenguas, en unión con el don de interpretación de lenguas, es igual en importancia al don de profecía. "Yo quisiera que todos hablarais en lenguas, pero aún más, que profetizarais; pues él que profetiza es superior al que habla en lenguas, a menos de que las interprete para que la iglesia reciba edificación". (1 Corintios 14:5).

En todas las manifestaciones de los dones, es preciso recordar que somos exhortados a no apagar ni contristar al Espíritu Santo. El Espíritu Santo debe tener la preeminencia en todos los cultos y debemos delegar tiempo suficiente para que los dones sean ejercitados. Cuando los cultos o reuniones se hacen tan formales y llenos de ritualismos, es muy posible contristar al Espíritu. Si los cultos son planeados con antelación hasta no dejar libertad al Espíritu resulta evidente que los dones nunca entrarán en operación. Cuando los ministros planean los cultos tan estrictamente, ocupando cada parte, entonces los demás dones representados en el culto no tendrán libertad de expresión.

La naturaleza del Espíritu es representada en la Biblia como una paloma, tan afable que no demanda atención, sino espera que su presencia sea invitada y anhelada. Los dones operan en una atmósfera de amor, adoración y alabanza, y tenemos que dejar suficiente tiempo en cada servicio para la adoración espiritual. No olvidemos que el mismo San Pablo que exhortó: "los espíritus de los profetas están sujetos a los profetas" (1 Corintios 14:32), también explicó: "Por tanto, hermanos míos, anhelad el profetizar, y no prohibáis hablar en lenguas". (1 Corintios 14:39). He dado aquí el orden de los cultos normales, pero habrá excepciones en cultos especiales.

El don de profecía

"Procurad alcanzar el amor; pero también desead ardientemente los dones espirituales, sobre todo que profeticéis". (1 Corintios 14:1).

Profecía es la expresión en una lengua conocida, divinamente inspirada y espontánea. Como los géneros de lenguas son expresiones sobrenaturales en lenguas extrañas, así la profecía es expresión del Espíritu en lengua conocida por quien profetiza. La voluntad y la fe de la persona que profetiza están activas en la profecía; el que ejercita este don es meramente un instrumento para que el Espíritu pueda expresarse. El Espíritu de Dios necesita un cuerpo para expresarse y labios para hablar sus palabras divinas. Cuando Cristo estaba en la tierra en forma de hombre, Él hablaba las palabras que oía del Padre, "Él es la imagen del Dios invisible... Porque toda la plenitud de la Deidad reside corporalmente en Él". (Colosenses 1:15, 2:9). Antes de regresar al Padre, Cristo prometió el Espíritu Santo, el cual hablará lo que oyere del Padre. "Pero cuando Él, el Espíritu de verdad, venga, os guiará a toda la verdad, porque no hablará por su propia cuenta, sino que hablará todo lo que oiga; y os hará saber lo que habrá de venir". (Juan 16:13). Una de las maneras que el Espíritu nos habla, es a través del don de profecía.

Es preciso notar que el don de profecía no es igual que la predicación de la Palabra, o el ministerio de profeta. Como ya hemos dicho, el ministerio de profeta es uno de los cinco ministerios dados por Cristo a la Iglesia, y no uno de los nueve dones del Espíritu. El don de profecía es primeramente para edificación (crecimiento espiritual), exhortación y consolación. "Pero él que profetiza habla a los hombres para edificación, exhortación y consolación." (1 Corintios 14:3). Aunque en ciertos sentidos, el objetivo de la profecía es semejante a la predicación, no son lo mismo. El don de profecía es operado por el Espíritu Santo, cuando Él quiere, y no por la voluntad del hombre. Además, los pensamientos proyectados al que profetiza no pueden ser planeados como los de la predicación, sino que son expresiones espontáneas del Espíritu.

Además de edificación, exhortación y consolación, el don de profecía es usado por Dios para convencer de pecado. "Pero si todos profetizan, y entra algún incrédulo o uno sin este don, por todos será convencido, por todos será juzgado". (1 Corintios 14:24).

El Espíritu omnisciente de Dios, conoce todo corazón y cada pensamiento, y puede revelar por medio del don de profecía lo que está escondido, "Los secretos del corazón quedarán al descubierto, y él se postrará y adorará a Dios, declarando que en verdad Dios está entre vosotros". (1 Corintios 14:25). Verdades que aún no han sido reveladas, pero que están en la mente de Dios, pueden ser mostradas por profecía y así exhortar y enseñar a los creyentes. "Porque todos podéis profetizar uno por uno, para que todos aprendan y todos sean exhortados". (1 Corintios 14:31).

El número de profecías en un culto también nos es revelado en las enseñanzas de Pablo: dos o tres. "Y que dos o tres profetas hablen, y los demás juzguen". (1 Corintios 14:29). Esto también ocurre con el don de lenguas e interpretación de lenguas. Cuando la Escritura dice: "todos podéis profetizar uno por uno", no se refiere a un culto, sino que todos tendrán su oportunidad de profetizar según sean escogidos por el Espíritu en las reuniones futuras. Además, cuando San Pablo expresa que todos pueden profetizar, se refiere a aquellos que han recibido el don de profecía, no a todas las personas presentes en la reunión. Sencillamente declara que todos con el don de profecía tendrán su oportunidad de profetizar y que no deben todos tratar de ejercitar su don en un solo culto, sino solamente dos o tres. En algunas ocasiones hay aparentemente más de tres mensajes en lenguas e interpretaciones, o más de tres profecías, sin embargo, el mensaje o las profecías pueden estar incompletas, teniendo así que ser terminadas por medio de otra persona, lo cual hace que un mismo mensaje sea dado en dos partes.

Cada profecía debe ser juzgada por los otros que profetizan y siempre debe estar de acuerdo con la Biblia en palabra y sentido. No digo que deben sentarse para juzgar como un tribunal, sino que en el espíritu, se debe discernir si es la intención del Espíritu Santo o no. Si no ha sido la intención del

Espíritu Santo, entonces el verdadero mensaje debe ser dado. El don de profecía no es para añadir a las Escrituras, porque la Biblia es el completo consejo de Dios. La profecía puede dar luz a las Escrituras o revelar la condición espiritual que existe en la iglesia. Las doctrinas fundamentales de la Iglesia deben proceder exclusivamente de la Santa Biblia. Las expresiones de los dones son revelaciones o exhortaciones basadas en la Palabra y no revelaciones modernas ni añadiduras a la misma. El don de profecía no debe ser usado para dirigir vidas ni para predecir el futuro. ¡Esto es muy importante!

El ministerio del profeta (Efesios 4:11), es más profundo que el don de profecía, y es usado para dirigir, revelar el futuro y separar creyentes para el ministerio. (Véase 1 Timoteo 1:18 y 4:14; Hechos 21:11 y 13:1,2). Estudie bien estas Escrituras para que pueda distinguir entre el ministerio del profeta, y la limitación del don de profecía.

El don de profecía en una persona puede ser mucho más limitado que en otra persona. Las revelaciones dadas por medio de los dones a una persona pueden ser mayores que en otro creyente.

La profundidad del don de profecía depende mucho del conocimiento del individuo y su medida de fe. "Pero teniendo dones que difieren, según la gracia que nos ha sido dada, usémoslos: Si el de profecía, úsese en proporción a la fe". (Romanos 12:6).

El don de palabra de ciencia

"Pues a uno le es dada palabra de sabiduría por el Espíritu; a otro, palabra de conocimiento según el mismo Espíritu". (1 Corintios 12:8).

El don de palabra de ciencia o conocimiento es una revelación sobrenatural de un hecho o verdad en la mente de Dios revelado al creyente por el Espíritu. Es preciso notar que no es el don de ciencia, sino de palabra de ciencia. Solamente Dios es omnisciente y tiene todos los tesoros de la ciencia escondidos en Él. Cuando en su Divina sabiduría, quiere impartir a sus hijos una palabra de ciencia, Él ministra este don. El don de palabra de ciencia es operado cuando Dios ve que hay necesidad y cuando estamos en la condición espiritual de recibirlo. Este don no es necesariamente un don oral sino una revelación a la persona; Él puede revelarlo o no, según la necesidad.

Este don era manifiesto en los profetas antiguos. Por ejemplo, fue revelado en la vida y ministerio de Eliseo. "Entonces Eliseo dijo: Oíd la palabra del Señor. Así dice el Señor: Mañana como a esta hora en la puerta de Samaria, una medida de flor de harina se venderá a un silo, y dos medidas de cebada a un silo". (2 Reyes 7:1). Por la palabra de ciencia, Dios pudo revelar a su siervo, el hecho de que el hambre existente, pronto cesaría y la abundancia vendría por un milagro.

El don de ciencia fue operado en él cuando por el Espíritu, vio a su siervo Giezi seguir a Naamán y pedirle vestidos. (2 Reyes 5:26). Por el don de palabra de ciencia el profeta Samuel le dijo a Saúl que sus asnas que se habían perdido habían sido halladas. (Véase 1 Samuel 10:1,2).

Este don se manifestó también en la vida y ministerio de Cristo. Un ejemplo indiscutible se halla en el llamamiento a Natanael. "Jesús vio venir a Natanael y dijo de él: He aquí un verdadero israelita en quien no hay engaño. Natanael le dijo: ¿Cómo es que me conoces? Jesús le respondió y le dijo: Antes de que Felipe te llamara, cuando estabas debajo de la higuera, te vi". (Juan 1:47,48). Por una revelación del Espíritu, Cristo vio a Natanael debajo de la higuera y conoció su carácter y su corazón. Usted puede pensar que siendo Dios hecho hombre, Cristo conocía todas las cosas. Cristo se refirió a sí mismo como "hijo de hombre". La tentación en el desierto tenía como fin tentarle a actuar como Dios. "Si eres Hijo de Dios, di que estas pierdas se conviertan en pan". (Mateo 4:3). Jesús rehusó actuar como Dios en la carne, limitándose a obrar en el Espíritu. Cuando fue arrestado en el huerto de Getsemaní, no utilizó su poder divino para librarse, sino que dijo a Pedro: "¿acaso piensas que no puedo ahora orar a mi Padre, y que él no me daría más de doce legiones de ángeles?". (Mateo 26:53). Él actuó como hombre lleno del Espíritu, por eso pudo decir, "Él que en mí cree, las obras que yo hago, él las hará también; y aún mayores hará". (Juan 14:12).

Dios ha concedido los dones de palabra de ciencia y palabra de sabiduría para que, en el tiempo oportuno, pueda revelar parte de su mente a sus hijos.

Las obras que Cristo hizo, Él prometió que sus discípulos también las harían. Los dones que operaban sin límites en Jesús pueden operar en nosotros según nuestra medida de fe. Las posibilidades que nos son ofrecidas por Cristo, a veces transcienden a nuestro conocimiento y comprensión. La mayoría de nosotros, vivimos por debajo de la meta que podemos obtener por el conocimiento de los propósitos de Dios. Somos limitados por nuestra falta de fe y visión espiritual, pero con Dios no hay limitaciones. "Todas las cosas son posibles para el que cree". (Marcos 9:23). Y nada será imposible para nosotros si lo creemos de corazón.

El don de palabra de ciencia es operado en varios ministros hoy juntamente con los dones de sanidades. Por el don de palabra de ciencia, las enfermedades y problemas son revelados, inspirando así la fe para la sanidad. Natanael creyó en Cristo como el Mesías por la manifestación de este don, y aún hoy, este don continúa revelando verdades solamente conocidas por Dios, para traer a las almas al conocimiento de Cristo. Por este don, Pedro pudo revelar el engaño de Ananías y Safira cuando éstos defraudaron el precio del terreno que habían vendido. "Mas Pedro dijo: Ananías, ¿Por qué ha llenado Satanás tu corazón para mentir al Espíritu Santo, y sustraer parte del precio del terreno?". (Hechos 5:3).

Por la operación de este don, gran temor vino en toda la iglesia y el resultado fue que "más y más creyentes en el Señor, multitud de hombres y de mujeres, se añadían constantemente al número de ellos". (Hechos 5:14). También Pablo, cuando estaba predicando en cierta ocasión, entendió por el don de la palabra de ciencia, que cierto hombre tenía fe para ser sano. "Éste escuchando hablar a Pablo, el cual, fijando la mirada en él, y viendo que tenía fe para ser sanado, dijo con fuerte voz: Levántate derecho sobre tus pies. Y él dio un salto y anduvo". (Hechos 14:9,10).

Solamente por revelación del Espíritu, San Pablo pudo ver la fe del cojo, porque la fe no es vista con los ojos naturales. Por la palabra de ciencia, Pablo pudo revelar misterios profundos escondidos desde la fundación del mundo. Este don es operado juntamente con el don de palabra de sabiduría en muchas ocasiones, para la edificación de la iglesia.

El don de palabra de sabiduría

El don de palabra de sabiduría, asimismo como el don de palabra de ciencia, no revela toda la sabiduría, sino, como se indica, es una palabra de sabiduría. Este don es siempre sobrenatural y nunca debe ser confundido con la sabiduría de los hombres, ni con la sabiduría que recibimos escudriñando las Escrituras.

Es una palabra de sabiduría enviada por Dios a la mente y al corazón como un rayo de luz, para que el siervo de Dios pueda ser habilitado en el tiempo de necesidad. Cuando nuestra sabiduría es insuficiente, Dios puede darnos la palabra de sabiduría.

Para mayor claridad podemos decir que la palabra de sabiduría es el conocimiento de Dios que es revelado a través de este don, para que podamos usar la ciencia. Puedo dar un ejemplo en mi vida de cómo funcionan estos dos dones en la práctica.

Mientras visitaba como simple asistente una Iglesia en Florida, escuché a una mujer cantar un "solo". Asistía de vez en cuando a esa Iglesia y la conocía, pero no sabía nada de la vida personal de ella. Era de origen griego y su madre era de la Iglesia Griega Ortodoxa. Era una mujer muy simpática y siempre parecía alegre. Mientras yo estaba en oración, el Señor me reveló por la palabra de ciencia, que ella estaba en adulterio con el jefe de la impresa donde trabajaba. Fui a su casa con la convicción de que tenía que avisarla del peligro en el que estaba. Al entablar la conversación, traté de ver si ella quería abrirse y pedir ayuda. Como siempre, estaba muy alegre como si no le pasara nada. Tenía un camuflaje perfecto con su sonrisa perpetua. Al final, no tuve más remedio que decirle claramente lo que sentí de parte de Dios, arriesgándome totalmente. Al oír la palabra de Dios, se sorprendió en gran manera, buscando en su mente quién me lo hubiera podido revelar, y asustada me preguntó: "¿quién te lo ha dicho?". Le aseguré que nadie me lo había dicho, sino que Dios me lo había revelado.

También, juntamente con la palabra de ciencia, Dios me dio la palabra de sabiduría para ella, y tuve con claridad la respuesta de cómo ella podía salir de este enredo. Fue por esta palabra de sabiduría que pude declararle el remedio que Dios me dio para su caso y cómo ella podría ser librada del lazo de Satanás. Ella estaba tan atada por los deseos carnales, y tan empobrecida espiritualmente, que no podía librarse. El Señor me reveló que, si se arrepentía y ayunaba durante cuatro días, Dios rompería el poder de esa atracción carnal que la tenía esclavizada y así sería liberada. También el Señor le indicó que tenía que dejar su trabajo porque esto era lo que conducía al problema. Puso sus excusas, diciendo que su madre iba a visitarla, y por lo tanto no podría ayunar, aunque la verdad era que no estaba dispuesta a dejar esa relación. Supe después que se divorció y se apartó del Señor. Su pecado le costó su alma, pero Dios en su omnisciencia la avisó de antemano.

Este don operó también en Eliseo cuando envió un mensajero a Naamán, diciéndole: "Ve y lávate en el Jordán siete veces, y tu carne se te restaurará, y quedarás limpio". (2 Reyes 5:10). Al parecer, era la palabra de ciencia operando, pero creo que la palabra de sabiduría de Dios reveló a Eliseo el orgullo de Naamán, y por eso tenía que ser limpiado antes que la sanidad pudiera venir.
La vergüenza de tener que bajar al río cenagoso del Jordán, quebrantó el egoísmo de este hombre famoso, hasta que al sumergirse por séptima vez en el agua, Dios pudo sanarlo. Al tratar con las almas hoy en día, es preciso hacer esto mismo y percibir donde se hallan escondidas las mentiras. Tenemos

que quitar todos los refugios de mentiras y mostrarles su egoísmo, mundanalidad o cualquier otra cosa que se oponga a Dios.

Este don estaba siempre en operación en la vida de Cristo, porque Él es la "Sabiduría de Dios". "Más para los llamados, así judíos como griegos, Cristo poder de Dios, y sabiduría de Dios". (1 Corintios 1:24).

Un caso que ilustra la operación de este don es el de la mujer adúltera traída a Cristo. "Pero como insistían en preguntarle, Jesús se enderezó y les dijo: El que de vosotros esté sin pecado, sea el primero en tirarle una piedra". (Juan 8:7). Por la palabra de sabiduría Cristo libró a la mujer de la muerte cruel, reveló el amor de Dios que es grande en perdonar, y a la vez reprendió el pecado de los Fariseos y Escribas. También Esteban, lleno de fe y del Espíritu, reprendió a los judíos de tal manera que "... Tapándose los oídos arremetieron a una contra él. Y echándolo fuera de la ciudad, comenzaron a apedrearle". (Hechos 7:57,58). La Biblia declara que lo apedrearon porque "No podían resistir a la sabiduría y al Espíritu con que hablaba". (Hechos 6:10).

El Señor puede revelar su voluntad de varias maneras y no solamente por los dones de revelación. Estos dones operan cuando agotamos nuestro conocimiento y sabiduría y necesitamos una revelación sobrenatural. Debemos recordar que no todos tienen estos dones, sino que son repartidos a cada uno según la voluntad de Dios.

El Señor puede revelar su voluntad por su Palabra (2 Timoteo 3:16), por visiones (Hechos 9:10 y 23:11), por sueños (Mateo 2:12), o por el Espíritu Santo actuando en nosotros (Juan 16:13). No debemos esperar que Dios nos hable por un don y dejar de buscar su voluntad por medio de su palabra. Debemos vivir en el Espíritu y así seremos guiados por el Espíritu en toda verdad.

La diferencia entre una palabra de ciencia y una palabra de sabiduría

He aprendido a través de los años que existe una gran diferencia en la práctica entre el don de palabra de ciencia y el don de palabra de sabiduría. Hoy en día hay muchos que ejercen el don de ciencia o lo que se denomina "una palabra del Señor". Por supuesto Dios habla a través de profecías, pero hay que andar con mucho cuidado en este asunto, pues muchos desean saber su futuro y conocer su estado espiritual y estos supuestos "dones de ciencia" casi siempre les dicen lo que desean oír y salen "edificados" o posiblemente "engañados".

Creo firmemente en el ejercicio de todos los dones, pero en esta área del mundo espiritual se necesita discernimiento y sobre todo juzgarlo todo según las Escrituras. Dios puede hablar y habla a través del don de palabra de ciencia, pero esto no sustituye oír la voz de Dios a través de su Palabra y de las autoridades espirituales que Dios ha puesto sobre ti. Hay que tener cuidado con las personas que vienen de afuera y que afirman tener el "don de profecía". No conocer a esa persona, unido al deseo de dejar una buena impresión, puede producir el riesgo del error, cuando no son guiados por el Espíritu. Si la palabra que dan no es de Dios, puede producir el caos y el conflicto no solo en la persona sino en toda la iglesia. Aconsejo buscar no solo el tener una confirmación en tu espíritu, sino que esta palabra sea juzgada por tus autoridades y los que tienes cerca que te conocen. Hay que tener cuidado con las profecías que inflan la carne, pero evitan la cruz. El camino de la cruz es el camino del Espíritu.

Pero regreso al pensamiento que quiero dejar claro, y es la diferencia notable que existe en la práctica entre el don de palabra de ciencia y el don de palabra de sabiduría. Notemos que no es "don de ciencia" ni "don de sabiduría" sino "palabra de ciencia" y "palabra de sabiduría". Es una luz dada en un momento oportuno para que tomemos la decisión necesaria o evitemos un peligro.

Doy el ejemplo que leemos en los Hechos de los Apóstoles: El Espíritu Santo mostró claramente a Pablo que tenía que ir a Jerusalén; fue "obligado por el Espíritu". Era algo interior, una dirección personal de Dios para él. No obstante, por el don de palabra de ciencia, los discípulos por medio del Espíritu exhortaron a Pablo a que no siguiera hasta Jerusalén. (Hechos 21:4) También en el versículo 10 en adelante dice la Escritura: "Y permaneciendo nosotros allí algunos días, descendió de Judea un profeta llamado Agabo, quien, viniendo a vernos, tomó el cinto de Pablo, y atándose los pies y las manos, dijo: Esto dice el Espíritu Santo: Así atarán los judíos en Jerusalén al varón de quien es este cinto, y le entregarán en manos de los gentiles. Al oír esto, le rogamos nosotros y los de aquel lugar, que no subiese a Jerusalén. Entonces Pablo respondió: ¿Qué hacéis llorando y quebrantándome el corazón? Porque yo estoy dispuesto no sólo a ser atado, más aún a morir en Jerusalén por el nombre del Señor Jesús. Y como no le pudimos persuadir, desistimos, diciendo: Hágase la voluntad del Señor". (Hechos 21:10-14).

Aunque por el don de palabra de ciencia Pablo fue avisado de lo que le esperaba en Jerusalén, el Señor ya le había dicho que fuera, estando él dispuesto a todo, incluso a morir.

Si Dios te avisa por medio del don de la palabra de ciencia que algo va a suceder, no es necesariamente la voluntad de Dios que suceda. La palabra de ciencia nos avisa de lo que puede ocurrir, pero no es necesariamente una orden de Dios, sino un aviso de Dios. La sabiduría consiste en saber lo que se hace con la palabra de ciencia o con el conocimiento de lo que Dios ha revelado. Tardé muchos años en aprender esta lección y espero que esta advertencia sirva de aviso a los que van buscando "palabras" sin buscar el rostro de Dios y sin obedecer los principios espirituales claramente expuestos en Su palabra en cuanto al gobierno de Dios en Su iglesia.

Fue por el don de la palabra de ciencia que San Pedro supo que Ananías y Safira estaban pecando, y el juicio de Dios que cayó sobre ellos infundió temor en la Iglesia, y como consecuencia, Dios resultó glorificado y la Iglesia purificada. Cada don opera por el Espíritu para provecho de la Iglesia y sin su operación estamos perdiendo un arma poderosa en la destrucción de las obras ocultas de Satanás.

En una ocasión, al entrar en mi Iglesia vi a una mujer hablando con el pianista. No la conocía de nada, pero el Espíritu me trajo la palabra "víbora". Al no tener palabra de sabiduría, no supe qué hacer con este conocimiento y al final ella fue utilizada por Satanás con visiones y profecías falsas para engañar a la gente y destruir una Iglesia, echando a perder siete años de trabajo y sacrificio, e hiriendo a las ovejas.

La imagen de una víbora representa algo mortífero y escondido. Tiene su propio camuflaje y se esconde para luego atacar a su presa. Así actúa nuestro enemigo: toma ventaja de la ingenuidad e ignorancia de la gente para hacer daño a la obra de Dios. Los espíritus de engaño e intimidación están haciendo estragos en el mundo y necesitamos la sabiduría de Dios para no caer en la trampa.

Se puede diferenciar la sabiduría carnal y diabólica de la auténtica por la palabra que encontramos en Santiago 3:15-17. "No es esta la sabiduría que desciende de lo alto, sino que es terrenal, animal, diabólica, pues donde hay celos y rivalidad, allí hay perturbación y toda obra perversa. Pero la sabiduría que es de lo alto es primeramente pura, después pacífica, amable, benigna, llena de misericordia y de buenos frutos, sin incertidumbre ni hipocresía".

El don de discernimiento de espíritus

Este don completa los tres dones de revelación por los cuales, partes o fragmentos de la mente de Dios, nos son revelados. Algo de lo que está en la mente omnisciente de Dios puede ser revelado a nosotros por medio de estos tres dones. Este don de discernimiento de espíritus es una revelación sobrenatural operada por el Espíritu Santo. Este don no debe de ser confundido con el conocimiento natural de condiciones espirituales que existen. Como el texto dice, el don de "discernimiento de espíritus" no es un don para discernir las faltas e insuficiencias de otras personas. Cada uno de nosotros tenemos un "don" natural de criticar y hallar faltas e insuficiencias en los demás. Lo que necesitamos es la gracia y el amor de Dios para hallar algo bueno en cada persona y para controlar nuestras lenguas. Este don es para discernir el carácter del espíritu que obra en cierto individuo, sea esto de parte de Dios o de Satanás. En estos últimos días cuando se acerca la manifestación del Anticristo somos avisados para no creer a todo espíritu. "Amados, no creáis a todo espíritu, sino probad los espíritus para ver si son de Dios". (1 Juan 4:1).

No todo milagro o señal hecha tiene su origen en Dios. No debemos ignorar que el espíritu del Anticristo ya está obrando en este mundo: "Inicuo cuya venida es conforme a la actividad de Satanás, con todo poder y señales y prodigios mentirosos". (2 Tesalonicenses 2:9).

El don de discernimiento de espíritus revelará "espíritus engañadores y doctrinas de demonios". (1 Timoteo 4:1). En estos días cuando el espiritismo está creciendo y ganando almas para esta maldita doctrina, este don es de gran importancia para poder discernir estos espíritus falsos. Aún sin el don, tenemos ciertas maneras indubitables por las cuales podemos discernir qué clases de espíritus son. Cristo dijo: "Por sus frutos los conoceréis... Un buen árbol no puede producir frutos malos, ni un árbol malo puede producir frutos buenos". (Mateo 7:16,18). Además, la Biblia afirma: "... Todo espíritu que confiesa que Jesucristo ha venido en carne, es de Dios". (1 Juan 4:2). Aumentan las doctrinas falsas que niegan el nacimiento sobrenatural de Cristo por la virgen María; escuchamos de un evangelio sin poder y de una salvación sin la sangre de Cristo. Rechaza todas estas doctrinas diabólicas porque "... Sin derramamiento de sangre no hay perdón". (Hebreos 9:22). En cuanto a los milagros y señales que se hacen, puedes conocer los milagros de Dios porque son hechos en el nombre de Jesucristo, y para la Gloria de Dios. Cuando un engañador trata de echar fuera demonios en el nombre de Cristo, le ocurrirá lo mismo que a los hijos de Esceva, los cuales fueron dominados por el espíritu inmundo y huyeron desnudos y heridos.

"Pero algunos de los judíos, exorcistas ambulantes, intentaron invocar el nombre del Señor Jesús sobre los que tenían espíritus malos, diciendo: Os conjuro por Jesús, el que predica Pablo. Había siete hijos de un tal Esceva, judío, jefe de los sacerdotes, que hacían esto. Pero respondiendo el espíritu malo, dijo: A Jesús conozco, y sé quién es Pablo; pero vosotros, ¿quiénes sois? Y el hombre en quién estaba el espíritu malo, saltando sobre ellos y dominándolos, pudo más que ellos, de tal manera que huyeron de aquella casa desnudos y heridos". (Hechos 19:13-16).

En el tema del discernimiento de espíritus, tenemos que notar que hay tres espíritus que actúan y hablan a través de la persona: El Espíritu de Dios, el espíritu de Satanás, o el espíritu del hombre, o sea, el espíritu humano. Para combatir esa influencia creciente en el mundo, que engaña y trae falsas doctrinas, necesitamos el poder sobrenatural de Dios y los dones del Espíritu. "Porque nuestra lucha no es contra carne y sangre, sino contra principados, contra potestades, contra los poderes de este mundo de tinieblas, contra las huestes espirituales de maldad en las regiones celestes". (Efesios 6:12).

El diablo ha descendido con gran ira, pero no estamos indefensos ante él. Jesús dijo: "Mirad, os he dado autoridad para hollar serpientes y escorpiones, y sobre todo el poder del enemigo, y nada os hará daño". (Lucas 10:19).

Ha sido mi experiencia personal, que sin la operación de discernimiento de espíritus no he tenido el poder, ni la fe para echar fuera demonios. Cuando este don está en operación, en casi toda ocasión, hemos tenido victoria. No digo esto como una regla, sino como mi experiencia personal, la cual no tiene que ser su experiencia. El Espíritu Santo en nosotros nos libera de toda opresión por medio de la fe, y en el nombre de Jesucristo tiene que salir todo demonio y todo espíritu satánico. El Señor mismo dijo: "Pero si yo por el dedo de Dios (el Espíritu Santo) echo fuera demonios, entonces el reino de Dios ha llegado a vosotros". (Lucas 11:20).

Este don se manifiesta para el discernimiento de espíritus de error obrando en los hijos de Satanás disfrazados como ministros de luz y de justicia. (Véase 2 Corintios 11:14,15). Además, este don es útil para el discernimiento de profecías y expresiones sobrenaturales. También es usado para conocer qué espíritu satánico está obrando en el poseído; por ejemplo, puede ser un espíritu de brujería, un espíritu sordo o mudo, un espíritu inmundo, un espíritu de concupiscencia, de temor, etc.

Podemos resumir todo este tema diciendo que si existe el verdadero Espíritu de Dios, también existe un espíritu falso o de mentira. (Compárese Juan 16:13 con Juan 8:44). Si podemos notar la manifestación del Espíritu Santo en los milagros y maravillas, habrá la imitación de Satanás con operaciones mentirosas. Si hay ministros llenos del

Espíritu de Dios, predicando la verdad, habrá también ministros engañadores, predicando falsas doctrinas de demonios. (Véase 1 Timoteo 4:1).

Debemos decir aquí que, aunque la doctrina es verdad, queda también la posibilidad que el mensajero pueda ser un engañador, aunque lo que diga es verdad. Nota el caso de la muchacha pitonisa que reveló verdades acerca de San Pablo, con motivos engañosos para intentar arruinar el testimonio de los siervos de Dios. Por muchos días Pablo siguió predicando mientras el espíritu de adivinación seguía tras él. "Ésta, siguiendo a Pablo y a nosotros, gritaba, diciendo: Estos hombres son siervos del Dios Altísimo... Y esto lo hacía por muchos días; más desagradando esto a Pablo, se volvió y dijo al espíritu: ¡Te ordeno, en el nombre de Jesucristo, que salgas de ella! Y salió en aquel mismo momento". (Hechos 16:17,18).

Cuando el Espíritu de Dios vino sobre Pablo, el don operó en él. En muchas ocasiones el enemigo envía mensajeros para hacer amistad con los hijos de Dios y así tratar de arruinarles o de guiarles al error. Si actúa el don de palabra de ciencia y de sabiduría revelando la mente de Dios a sus hijos, existe también la voz de Satanás revelando sus ideas a los espiritistas.

Si somos llenos del Espíritu y fundamentados sobre la Palabra de Dios, buscando solamente la gloria de Dios, entonces no tendremos ninguna dificultad en discernir los espíritus. Confiemos en nuestro buen Pastor y Él nos guiará por las sendas de justicia en toda la verdad. "Porque todos los que son guiados por el Espíritu de Dios, los tales son hijos de Dios". (Romanos 8:14).

Los dones de sanidades

Los dones de sanidades son operados en el creyente por una unción especial del Espíritu para la sanidad del enfermo. Es completamente sobrenatural y en ninguna manera debe ser confundido con los dones naturales, o la inteligencia dada a los médicos. Los dones de sanidades son operados por el Espíritu Santo en el creyente que está lleno de fe y poder.

"Pero a cada uno se le da la manifestación del Espíritu para el bien común". (1 Corintios 12:7).

Puesto que Dios es quien hizo y ordenó las leyes de la naturaleza, podemos deducir que Dios es el que sana a través de la ciencia médica, doctores, medicina, etc. En el sentido estricto de la Palabra, la ciencia médica opera por las leyes naturales y no por las del Espíritu. El plan de Dios para la Iglesia acerca de sanar los enfermos es la oración de fe y los dones de sanidades.

El camino del mundo es el de la ciencia médica, pero el del Espíritu, es a través de la fe en el poder sobrenatural de Dios. Seguramente debemos dar crédito a los médicos y a la ciencia por todo lo bueno que han realizado por la humanidad, y por sus vidas entregadas a intentar curar o aliviar la enfermedad. De la misma manera podemos ser agradecidos con los agricultores que cultivan las frutas y vegetales y con los ganaderos por el ganado que crían para nuestra alimentación. Sin embargo, un ateo genuino puede ser un buen agricultor o médico. Aunque San Lucas era médico, cuando Cristo lo envió a "sanar los enfermos y echar fuera demonios", lo hizo en el poder del Espíritu, y no por su inteligencia natural ni por la psiquiatría.

Los dones de sanidades son plurales como se desprende de la palabra "dones". No son limitados a una manera de operación, sino que hay muchas maneras por las cuales actúan. Son siempre operados por el Espíritu Santo en el creyente y no por la voluntad del hombre. Si Dios ha concedido los dones de sanidad a la Iglesia, podemos concluir que es su voluntad seguir sanando a los enfermos hoy en día.

La presencia de la fe es siempre necesaria para el uso de estos dones, igual que sucede con el resto. La fe en el que ministra es siempre requerida y también debe estar en la persona que recibe el beneficio del don. En el caso que el enfermo esté tan grave que no pueda ejercer su fe, entonces la fe del ministro será suficiente.

Ha habido casos cuando el enfermo, siendo indocto e incrédulo, ha sido sanado por la fe del ministro, pero esto no debe ser la regla, sino la excepción. Cuando hay mucha fe presente en la reunión, es mucho más fácil que los dones de sanidades se manifiesten. Aún si los enfermos tienen poca fe, por la fe del ministro y de los demás creyentes,

Dios puede obrar milagros de sanidades. Hay cultos especiales cuando estos dones están más en operación que en otros, según la intención del Espíritu y la necesidad presente. Estos dones son muy útiles en el Evangelismo. Nada atrae más la atención a Cristo como los milagros y maravillas que acompañan el ministerio de evangelista con los dones de sanidades.

El ministerio de Cristo era muy notorio por sus obras de sanidades que hacía en los enfermos. "Y Jesús recorría todas las ciudades y aldeas, enseñando en las sinagogas de ellos, proclamando el evangelio del reino y sanando toda enfermedad y toda dolencia". (Mateo 9:35).

Cuando Juan el Bautista mandó a sus discípulos para preguntarle a Cristo acerca de su identidad, el Señor se anunció como el Mesías por las sanidades que hacía. Jesús dijo: "Los ciegos reciben la vista y los cojos andan, los leprosos quedan limpios, los sordos oyen, los muertos son resucitados". (Mateo 11:5). Antes que los discípulos recibieran el bautismo en el Espíritu, Cristo les concedió una unción especial: "... les dio poder sobre los espíritus inmundos para expulsarlos y para sanar toda enfermedad y dolencia". (Mateo 10:1).

Los dones de sanidades operaban poderosamente en Pedro "a tal punto que aún sacaban los enfermos a las calles, y los tendían en lechos y camillas, para que al pasar Pedro, siquiera su sombra cayera sobre alguno de ellos... y todos eran sanados". (Hechos 5:15,16).

Por los dones de sanidades, el poder sanador de Cristo emana de sus siervos matando la infección y echando fuera todo espíritu de enfermedad.

Los dones de sanidades operaban en Felipe el evangelista, porque la Escritura dice que "las multitudes unánimes prestaban atención a lo que Felipe decía, al oír y ver las señales que hacía". (Hechos 8:6).

Los dones de sanidades operaban en Pablo "de tal manera que incluso llevaban pañuelos o delantales de su cuerpo a los enfermos, y las enfermedades los dejaban y los malos espíritus se iban de ellos". (Hechos 19:11,12).

Podemos notar la pluralidad de los dones de sanidades que operaban por la imposición de las manos, por la sombra de Pedro, y aún por los pañuelos y delantales que tocaban el cuerpo de San Pablo.

Creo que debemos aclarar que Dios no solamente sana por los dones de sanidades, sino por la fe del creyente en la obra substitutoria de Cristo. "Y Él (Cristo) mismo llevó nuestros pecados en su cuerpo sobre la cruz... por sus heridas fuisteis sanados". (1 Pedro 2:24).

Con la operación de los dones de sanidades, operaciones de milagros y de fe resulta mucho más fácil que el enfermo sea liberado, aun si su fe es débil o su condición es tan grave que no puede ejercerla. Sabemos que "todo es posible al que cree"; sin embargo, Dios ha puesto los dones de sanidades en la Iglesia conociendo nuestra debilidad y falta de fe.

La sanidad recibida por este don puede ser momentánea o gradual, según las circunstancias. Los leprosos sanados por Cristo fueron sanados "mientras iban" en obediencia a la Palabra del Señor. (Véase Lucas 17:12,14). El ciego ungido por el lodo que hizo Jesús, después de lavarse en el estanque de Siloé, "volvió viendo". (Véase Juan 9:1,7). Otros eran sanados al instante como el caso de Eneas cuando Pedro le dijo: "Eneas, Jesucristo te sana; levántate, y haz tu cama. Y al instante se levantó". (Hechos 9:34).

Notemos el efecto que la operación de estos dones tuvo en el pueblo. En el caso de la sanidad de Eneas, la Biblia declara que: "Todos los que vivían en Lida y en Sarón lo vieron, y se convirtieron al Señor". (Hechos 9:35). En este mismo capítulo de Hechos observamos el milagro de la resurrección de Dorcas, y como por medio de este milagro "muchos creyeron en el Señor". (Hechos 9:36-43).

En el ministerio de Felipe, por las sanidades que confirmaban su predicación, multitudes fueron convencidas en Samaria y "se bautizaban hombres y mujeres". (Véase Hechos 8:12).

Por las sanidades y milagros hechos en el nombre de Jesucristo, Dios es glorificado y muchos eran convencidos de la verdad del evangelio. El mismo evangelio que resulta poderoso para hacer el milagro de transformar vidas y limpiarlas de todo pecado, también lo es para sanar los cuerpos enfermos. La sanidad del cuerpo muestra el amor infinito de Dios en Cristo Jesús. "Ciertamente Él (Cristo) llevó nuestras enfermedades, y cargó con nuestros dolores". (Isaías 53:4).

Cristo es todavía "Jehová tu sanador" obrando por medio de sus siervos, las obras de sanidades y probando al mundo que "Jesucristo es el mismo ayer y hoy y por los siglos". (Hebreos 13:8). El Señor obró a través de sus discípulos, confirmando la Palabra, con las señales que seguían y es el mismo que obra con sus discípulos hoy en día. Los dones de sanidades son para hoy y deben estar en operación en la Iglesia universal.

El don de operaciones de milagros

Las operaciones de milagros son hechas sobrenaturalmente en el plano natural, trascendiendo y contradiciendo las leyes de la naturaleza. Muchas veces los dones de sanidades y operaciones de milagros operan juntamente en el ministerio de evangelista. La Iglesia primitiva esperaba con fe que sanidades y milagros siguieran al ministerio y a la predicación de la Palabra de Dios. Cuando eran perseguidos por los sacerdotes y ancianos, los discípulos, fervientes y unánimes en oración, pidieron a Dios: "... para que se hagan curaciones, señales y prodigios mediante el nombre de tu santo Hijo Jesús". (Hechos 4:30). Ellos esperaban confiadamente que el Señor obrara con ellos confirmando la Palabra con sanidades y milagros. Las operaciones de milagros pueden obrar sanidad física; también puede operarse en objetos inanimados y en la naturaleza. En el Antiguo Testamento tenemos innumerables referencias a milagros hechos por Dios a través de sus siervos llenos de fe.

"Quienes por la fe conquistaron reinos, hicieron justicia, obtuvieron promesas, cerraron bocas de leones, apagaron la violencia del fuego, escaparon del filo de la espada; siendo débiles, fueron hechos fuertes, se hicieron poderosos en la guerra, pusieron en fuga a ejércitos extranjeros. Las mujeres recibieron a sus muertos mediante la resurrección; y otros fueron torturados, no aceptando su liberación, a fin de obtener una mejor resurrección". (Hebreos 11:33-35).

Sería imposible cubrir aquí todas las operaciones de milagros mencionados en la Biblia, pero brevemente quiero dar algunos ejemplos para que sea explicada la operación de este don y su parte en el plan de Dios. Nuestro Dios es un "Dios milagroso" y para Él no hay milagros. Lo que es contrario a las leyes naturales, nosotros los definimos como un milagro, pero para Dios, un milagro es algo ordinario o natural.

Notemos la operación de milagros en el área de lo inanimado en el ministerio de Eliseo. Los hijos de los profetas estaban construyendo su "Instituto Bíblico" y "sucedió que cuando uno de ellos estaba derribando un tronco, el hierro del hacha se le cayó al agua... Entonces el varón de Dios dijo: ¿Dónde cayó? Y cuando le mostró el lugar, cortó un palo y lo echó allí, e hizo flotar el hierro". (2 Reyes 6:5,6). Por la operación de milagros, Eliseo cambió la ley de la naturaleza, haciendo que el hierro flotase sobre el agua.

En el ministerio de su predecesor Elías, vemos un milagro operando en el área de la naturaleza. "Entonces Elías tomó su manto, lo dobló y golpeó las aguas, y éstas se dividieron a uno y otro lado, y los dos pasaron por tierra seca". (2 Reyes 2:8). Dios obró siete milagros en la vida de Elías y catorce a través de Eliseo, el cual recibió una doble porción de su espíritu. (Véase 2 Reyes 2:9). Trece milagros sucedieron durante su vida, y el último ocurrió tras su muerte: "y cuando estaban sepultando a un hombre, he aquí, vieron una banda de merodeadores y arrojaron al hombre en la tumba de Eliseo. Y cuando el hombre cayó y tocó los huesos de Eliseo, revivió, y se puso en pie". (2 Reyes 13:21).

Tenemos muchos ejemplos de milagros en el área de la naturaleza en el ministerio de Cristo. Habiendo trabajado toda la noche pescando, Pedro no había pescado nada. Tras ello, y siguiendo las indicaciones de Cristo, echó su red y no podían sacarla por la gran cantidad de peces. (Véase Juan 21:3,5,6). El milagro originó que los peces fueran hacia aquel lugar para que entrasen en las redes, mostrando así la gloria de Dios y pagando ampliamente a los discípulos por haber prestado su barco a Cristo.

En otra ocasión, los discípulos estaban atravesando un lago y Cristo dormía en el barco; mientras ellos navegaban, les sorprendió una tempestad de viento que les causó un gran temor. "Y llegándose a Él, le despertaron diciendo: ¡Maestro, Maestro, que perecemos! Y Él levantándose, reprendió al viento y a las olas embravecidas, y cesaron y sobrevino la calma". (Lucas 8:24). Por el uso de este don, Cristo reprendió al viento y mostró el poder de Dios sobre la naturaleza y la furia del mar.

Jesús alteró las leyes naturales "andando sobre el mar". (Véase Mateo 14:25). Otro milagro en el área física aconteció en dos ocasiones: el milagro de los panes, cuando Jesús los partió y le dio de comer a las multitudes, (Véase Mateo 14:13-21 y 15:32-39), confirmando así su pacto eterno como "Jehová-Jireh", que traducido es "Jehová proveerá". En el comienzo de su ministerio, Cristo suplió la necesidad que había en la boda de Caná de Galilea donde convirtió seis tinajas de agua en vino. "Este principio de señales hizo Jesús en Caná de Galilea, y manifestó su gloria, y sus discípulos creyeron en Él". (Juan 2:11).

En el área de la sanidad, el Señor hizo un milagro al levantar a Lázaro de los muertos, quien llevaba muerto cuatro días. (Véase Juan 11:39,43,44). Un milagro fue operado al levantar al hijo de la viuda (Véase Lucas 7:12,14,15), y la hija de Jairo, el príncipe de la sinagoga, (Lucas 8:41,42) y muchos otros casos.

Cristo hizo estos milagros por el don de operaciones de milagros y no en su Divinidad. Él dejó su gloria, tomó forma de hombre y fue tentado en todo según nuestra semejanza, pero sin pecado. (Véase Hebreos 4:15). Aunque era Hijo de Dios, no usó su Divinidad. "Y habiendo sido hecho perfecto, vino a ser fuente de eterna salvación para todos los que le obedecen". (Hebreos 5:9). "Por tanto, tenía que ser hecho semejante a sus hermanos en todo, a fin de que llegara a ser un misericordioso y fiel sumo sacerdote en las cosas que a Dios atañen, para hacer propiciación por los pecados". (Hebreos 2:17). El Señor prometió: "En verdad, en verdad os digo: El que cree en mí, las obras que yo hago, él las hará también; y aún mayores que éstas hará, porque yo voy al Padre". (Juan 14:12).

Con el descenso del Espíritu Santo, este don –y los demás–, ha sido dado a la Iglesia como vemos en el libro de los Hechos de los Apóstoles, y aunque un milagro es un hecho sobrenatural, divinamente inspirado, el Señor ha concedido este poder a sus hijos. Cristo no reservó este don para su uso únicamente, sino para la iglesia en la actualidad. Jesús dijo: "En verdad os digo que cualquiera que diga a este monte: Quítate y arrójate al mar, y no dude en su corazón sino crea que lo que dice va a suceder, le será concedido". (Marcos 11:23). Por la operación de este don, la fe necesaria es activa en hacer milagros para la gloria de Dios.

San Pablo manifestó este don cuando: "sacudiendo la mano, arrojó al animal al fuego y no sufrió ningún daño". (Hechos 28:5).

San Pedro tuvo este don en operación cuando levantó a Tabita. (Véase Hechos 9:40).

Por el mandamiento del Señor de sanar enfermos y resucitar muertos. (Véase Mateo 10:8), Pedro pudo tener la fe necesaria para usar este don. También nosotros podemos confiar que Dios estará presente confirmando su Palabra con maravillas y milagros para suplir cualquier necesidad.

Cuando surgió la necesidad de que Felipe fuera rápidamente a Azoto "El Señor lo arrebató y se halló en Azoto". (Véase Hechos 8:39,40). No digo que este caso fue la operación del don porque no tenemos pruebas de que Felipe actuó en fe, sino que era la manifestación de la voluntad soberana de Dios.

Cuando Dios quiso sacar a Pablo y a Silas de la cárcel, el Señor causó "un gran terremoto, de tal manera que los cimientos de la cárcel fueron sacudidos al instante se abrieron todas las puertas y las cadenas de todos se soltaron". (Hechos 16:26). Por sus actividades de alabanza y de fe, crearon la atmósfera precisa para un milagro, que resultó en su liberación y la conversión del carcelero y su familia. La operación de este don es con la cooperación de la voluntad de la persona, cuando es inspirado por Dios para creer en el milagro.

Dios puede hacer milagros aún sin la participación del hombre, pero en este caso no es la operación del don, sino la voluntad soberana de Dios.

Podemos concluir diciendo que Dios es poderoso para hacer milagros cuando sus siervos llenos de fe tratan de cumplir sus mandamientos. Está claro que si no esperamos un milagro, o no creemos que Dios lo pueda hacer, seguramente no lo recibiremos. ¡Si usted necesita un milagro en su vida, crea solamente y verá la gloria de Dios! "Por eso os digo que todas las cosas por las que oréis y pidáis, creed que ya las habéis recibido, y os serán concedidas". (Marcos 11:24).

Como sucede con el resto, la manifestación de este don siempre glorifica y exalta a Cristo, y muchas veces causa la conversión de multitudes. En Samaria, multitudes creyeron y fueron bautizados, viendo los milagros y las grandes maravillas que se hacían. Por la resurrección de Lázaro de entre los muertos, muchos de los judíos creyeron. La noticia de que Tabita había sido levantada de los muertos recorrió toda Jope, y por ello muchos creyeron en el Señor. No todos tienen "facultad de obrar milagros" pero debemos anhelar y procurar los dones espirituales. Su manifestación, juntamente con el amor de Dios, es el propósito divino para estos días peligrosos.

El don de fe

El don de fe es la impartición sobrenatural de fe por el Espíritu Santo. Esta fe no es la fe natural que posee cada persona según su capacidad, ni un fruto del Espíritu en el creyente. Este don es la fe de Dios dada en el momento de la necesidad para obrar milagros, maravillas y sanidades.

La persona que posee este don no puede obrar según su propia voluntad, sino como todos los dones, actúa según la voluntad del Espíritu.

Con la impartición del don de fe, la respuesta a su oración es asegurada al creyente. Es distinta en operación a la "oración de fe" aunque ambas son inspiradas por el Espíritu Santo. La oración de fe es la oración del Espíritu cuando nuestra fe es inspirada y aumentada. Cuando el don de fe se manifiesta, los resultados son efectuados principalmente, al instante. La oración de fe también es orada en el Espíritu y la respuesta es asegurada en el corazón de la persona, aunque tenga que esperar, si es preciso, algunos años para ver su cumplimiento.

Un cierto hombre enfermo y en cama, estaba muy ejercitado en la oración por varios campos misioneros. Después de haber sentido victoria en la oración, anotaba en su diario: "Hoy he orado por cierto lugar, sintiendo que es una oración de fe". Pasó el tiempo y el hombre falleció. Tras su muerte, su esposa le enseñó el diario de su difunto marido a un ministro y comprobaron como Dios había enviado avivamientos a todos aquellos lugares por los cuales aquel hombre había estado orando, ¡y casi según el orden anotado! Por la oración de fe este siervo de Dios prevaleció.

En el caso de la oración de fe, nuestra fe es inspirada y aumentada por el Espíritu Santo orando en nosotros, dándonos la confianza que Dios la ha oído y que la contestará. El don de fe es la participación de la fe de Dios, dado al creyente en un instante para obrar según la voluntad de Dios. Podemos concluir diciendo que este don es el más importante de los tres dones de poder, dando la facultad de obrar milagros, sanidades, prodigios, etc. Este don opera en cualquier área de la necesidad humana y tiene un potencial incalculable.

En el caso del hombre cojo a la puerta del templo llamada la Hermosa, podemos ver como este don actuó juntamente con el don de sanidad para la restauración momentánea del cojo. Este hombre, cojo desde su nacimiento, recibió completa sanidad aun sin la evidencia de su fe personal. Era el don operando en Pedro y Juan que dieron a estos siervos la confianza de declarar: "Levántate y anda". Pedro afirmó que no era por su virtud o piedad que el hombre estaba sano, sino por la fe de Cristo.

"Y por la fe en su nombre, es el nombre de Jesús lo que ha fortalecido a este hombre a quien veis y conocéis; y la fe que viene por medio de Él, le ha dado esta perfecta sanidad en presencia de todos vosotros". (Hechos 3:16).

Es muy probable que Pedro y Juan hubieran pasado varias veces por donde estaba el hombre, yendo al templo a la hora de la oración porque está escrito que el cojo era "Traído cada día a la puerta del templo". (Véase Hechos 3:2). En la omnisciencia de Dios, Él escogió aquel día para hacer este "milagro de sanidad", y así coordinar todas las actividades de sus siervos para su gloria.

Además, obrar maravillosamente, este don es impartido, en ocasiones, en tiempos de calamidad y angustia, proporcionando al creyente una seguridad y una paz que parece que no pudiera obtener de otra manera.

Por la operación de fe, Cristo pudo decirle a María: "tu hermano resucitará". (Véase Juan 11:23). San Pablo pudo afirmar por fe a los marineros atemorizados: "ni un sólo cabello de la cabeza de vosotros perecerá". (Hechos 27:34). Por la operación de fe los tres jóvenes hebreos pudieron decir: "Ciertamente nuestro Dios a quien servimos puede librarnos del horno de fuego ardiente; y de tu mano, oh rey, nos librará". (Daniel 3:17). Nuestra fe en Dios es necesaria y sin fe es imposible agradarle. (Véase Hebreos 11:6); sin embargo, habrá veces en que la impartición de esta fe sobrenatural será necesaria en nuestras vidas.

Podemos concluir este tema con las palabras de Pablo: "Si tuviera toda la fe como para trasladar montañas, pero no tengo amor, nada soy". (1 Corintios 13:2). Los dones tienen que tener sus raíces en el amor. El amor es un atributo sobresaliente en Dios, y ese amor lo comparte con sus hijos. La fe y el amor son eternos porque Dios es eterno. "Y ahora permanecen la fe, la esperanza y el amor, estos tres; pero el mayor de ellos es el amor". (1 Corintios 13:13).

La verdadera fe es obrada en nosotros por el amor de Dios. Fe y amor son dos operaciones del Espíritu de Dios. El Espíritu Santo tiene nueve manifestaciones en los nueve dones del Espíritu. Existen siete operaciones del Espíritu que manifiestan su carácter y sus atributos. "Miré y vi entre el trono... a un Cordero, de pie, como inmolado... que tenía siete ojos que son los siete Espíritus de Dios enviados por toda la tierra". (Apocalipsis 5:6).

Estos siete atributos son:

1. El "Espíritu de santidad". (Romanos 1:4).
2. El "Espíritu de gracia y de súplica". (Zacarías 12:10).
3. El "Espíritu de sabiduría". (Isaías 11:2 y Efesios 1:17).
4. El "Espíritu de consejo y de poder". (Isaías 11:2).
5. El "Espíritu de conocimiento y de temor del Señor". (Isaías 11:2).
6. El "Espíritu de amor". (2 Timoteo 1:17).
7. El "Espíritu del juicio y abrasador". (Isaías 4:4).

El Espíritu Santo es uno, pero se manifiesta en diferentes maneras según su omnisciencia. Como la luz es visible en un arco iris en siete colores, así el Espíritu Santo tiene siete características que se revelan en diferentes ocasiones a nosotros según Él quiere.

A veces manifiesta su amor y otras veces su ira y enojo, según las circunstancias lo requieren. Un padre a veces besa y abraza a sus hijos, y en otras ocasiones los debe disciplinar. Dios no cambia, pero su trato con las personas varía según las circunstancias.

Dios obra depositando su carácter en nosotros y manifestándose a sí mismo por medio de los dones del Espíritu. Todos ellos dones tienen que estar fundados y arraigados en el "camino más excelente": el amor.

Amén.

CAPÍTULO 9

AMOR

"Si yo hablara lenguas humanas y angélicas, pero no tengo amor, he llegado a ser como metal que resuena o címbalo que retiñe. Y si tuviera el don de profecía, y entendiera todos los misterios y todo conocimiento, y si tuviera toda la fe como para trasladar montañas, pero no tengo amor, nada soy. Y si diera todos mis bienes para dar de comer a los pobres, y si entregara a mi cuerpo para ser quemado, pero no tengo amor, de nada me aprovecha". (1 Corintios 13:1-3).

El amor de Dios quita todo temor, tristeza y maldad

El amor es de Dios porque Dios es amor. (Véase 1 Juan 4:7,8). El amor espiritual es la devoción intencionada e inspirada por el amor de Dios en nosotros y por nosotros. Como los rayos de sol disipan las tinieblas y traen calor y salud, así el amor de Dios resplandece hacia el mundo. Si abrimos las ventanas de nuestras facultades al amor de Dios, entrará, quitándonos temor, tristeza y maldad. El amor es la virtud más sublime y divina que recibimos del corazón de Dios. Quien anda y gobierna toda su vida por el amor, andará en la luz de Dios. "El que ama a su hermano, permanece en la luz y no hay causa de tropiezo en él". (1 Juan 2:10).

El amor es la fuerza más grande en la unidad de la iglesia. Este amor es el más excelente y fragante en el olor de Cristo. Cristo entiende mejor que nadie los impulsos del amor y está siempre presto a justificar y perdonar a los que aman. Un ejemplo de amor recíproco se encuentra en la historia de la mujer adúltera que, limpiada y librada, muestra su amor hacia Jesús.

"Y he aquí, había en la ciudad una mujer que era pecadora, y cuando se enteró de que Jesús estaba sentado a la mesa en casa del fariseo, trajo un frasco de alabastro con perfume; y poniéndose detrás de Él a sus pies, llorando, comenzó a regar sus pies con lágrimas y los secaba con los cabellos de su cabeza, besaba sus pies y los ungía con el perfume". (Lucas 7:37,38).

El Señor censuró al fariseo por su crítica a la mujer, declarando que por su mucho amor recibió gran bendición. "Por lo cual te digo que sus pecados, que son muchos, han sido perdonados, porque amó mucho; pero a quien poco se le perdona, poco ama". (Lucas 7:47).

El amor es eterno y nunca deja de ser porque emana del "Alfa y Omega", Dios. El amor inspira el progreso y la perfección en toda la humanidad. Amor es la perfección de todos los dones y la gracia que podremos alcanzar. El amor demanda sacrificio y abnegación como ninguna cosa. "Porque de tal manera amó Dios al mundo, que dio a su Hijo unigénito, para que todo aquel que cree en Él, no se pierda, mas tenga vida eterna". (Juan 3:16).

Dios nos mostró el amor perfecto, dándonos a su Hijo para rescatarnos de la muerte eterna

El mundo está siendo empobrecido rápidamente en el área del amor. Los tribunales llenos de casos de divorcios son pruebas mudas de los estragos del pecado, destruyendo el don más precioso que Dios nos dio, el amor. Dios ha dado a cada persona la capacidad de amar. Este amor humano aún grande y sublime, tiene su limitación y fin. El amor humano es imperfecto y muchas veces tiene su raíz en el egoísmo. En la mayoría de los casos, el amor humano es para poseer y obtener. Solamente Dios nos mostró el amor perfecto, dando a su Hijo unigénito al mundo para rescatarnos de la muerte eterna.

"Pero quiso el Señor quebrantarle, sometiéndole a padecimiento. Cuando Él se entregue a sí mismo como ofrenda de expiación, verá a su descendencia, prolongará sus días y la voluntad del Señor en su mano prosperará". (Isaías 53:10).

Si puedes sondear la profundidad de este versículo, podrás entender el corazón de Dios. Cristo manifestó este amor perfecto cuando dio su vida en la cruenta cruz por nosotros siendo aún pecadores. De sus labios sangrientos podemos oír la voz del amor en triunfo sobre toda la maldad, crueldad y egoísmo en el mundo. "Y Jesús decía: Padre, perdónalos, porque no saben lo que hacen". (Lucas 23:24). Este es el amor de Dios, en el griego "Ágape", el amor que nunca deja de ser.

"El amor es paciente, es bondadoso; el amor no tiene envidia; el amor no es jactancioso, no es arrogante; no se porta indecorosamente; no busca lo suyo, no se irrita, no toma en cuenta el mal recibido; no se regocija de la injusticia, sino que se alegra con la verdad; todo lo sufre, todo lo cree, todo lo espera, todo lo soporta. El amor nunca deja de ser". (1 Corintios 13:4-8).

Aunque escribiéramos volúmenes, no podemos añadir nada a estas palabras que surgieron del corazón de Dios. Este es el amor de Dios que debe resplandecer en nuestros corazones. La humanidad no puede llegar a esta meta. El mundo está empobrecido sin este amor. Es la sal de la vida, el ungüento que sana, el poder que desconoce lo imposible, la virtud que no acepta la palabra sacrificio. El amor cubre una multitud de pecados, no mira a la injusticia y soporta todo.

Por encima de todo, debemos procurar el amor

El egoísmo es el enemigo más grande del amor, porque el amor no se ensancha, ni busca lo suyo. Debes procurar los dones espirituales, pero sobre todas las cosas debes procurar el amor. (Véase 1 Corintios 14:1). La música del amor de Dios es lo que se oye en los cielos, la perfección del paraíso. El reino de Dios es un reino de amor, y cada ciudadano lo posee.

Cuando San Pablo se refiere al amor como el camino más excelente, no quiso decir que el amor invalidara los dones.

Si éste fuese el significado, entonces sería inútil continuar en el libro de 1 Corintios 14:1. "Procurad alcanzar el amor; pero también desead ardientemente los dones espirituales". Sencillamente el apóstol declaraba que, en vez de procurar los dones, su meta más alta y el camino más excelente es alcanzar el amor, y los dones tendrían su debido lugar.

Los dones son en parte y temporales, hasta que venga la perfección que recibiremos cuando veamos a Jesús cara a cara. "Porque ahora vemos por un espejo, veladamente, pero entonces veremos cara a cara; ahora conozco en parte, pero entonces conoceré plenamente, como he sido conocido". (1 Corintios 13:12). Cuando el velo de la carne y la humanidad es quitado, entonces es cuando estaremos en la presencia del Rey de Gloria y conoceremos como somos conocidos.

El amor purifica y madura los dones del Espíritu en nosotros. El amor es eterno, hará que los frutos cosechados por la operación de los dones permanezcan. Siga el amor, vuélvalo el anhelo más sublime en la perfección de su vida espiritual. Mirando el amor revelado en Cristo, podemos conocer a qué distancia nos encontramos todavía de la meta. Aun en los siervos de Dios con más talento y habilidad, podemos ver la falta de esta virtud divina.

El amor produce la humildad que ejemplifica al humilde Maestro. El amor de Dios manifestado en nosotros es el cumplimiento de la ley.

Amor

"Y Él le dijo: Amarás al Señor tu Dios con todo tu corazón, y con toda tu alma, y con toda tu mente. Este es el grande y el primer mandamiento. Y el segundo es semejante a éste: Amarás a tu prójimo como a ti mismo. De estos dos mandamientos depende toda la ley y los profetas". (Mateo 22:37-40).

Amarnos los unos a los otros

Es el mandamiento que Cristo nos dio: "Un mandamiento nuevo os doy: Que os améis los unos a los otros; que como yo os he amado, así también os améis los unos a los otros". (Juan 13:34). No solamente debemos amarnos los unos a los otros, sino que hemos de amar "como Él nos ha amado". "Completad mi gozo, sintiendo lo mismo, teniendo el mismo amor, unánimes, sintiendo una misma cosa". (Filipenses 2:2).

"Pero yo os digo: Amad a vuestros enemigos, y orad por los que os persiguen". (Mateo 5:44). El secreto para obtener este amor es someternos al poder del amor de Dios. "Sed, pues imitadores de Dios como hijos amados". (Efesios 5:1). Que el amor de Dios sea en todo tiempo nuestra guía, en nuestro comportamiento con nuestros hermanos y respecto al mundo. El amor de Dios en nosotros puede vencer todas las obras y afectos del viejo hombre. El amor es más poderoso que el egoísmo y es vencido como la luz resplandece sobre las tinieblas.

"Las muchas aguas no pueden extinguir el amor, ni los ríos lo anegarán; si el hombre diera todos los bienes de su casa por amor, de cierto lo menospreciaría". (Cantares 8:7). El amor de Cristo venció la cruel tentación de Satanás, venció el oprobio de la cruz, venció la copa de la tortura en el huerto de Getsemaní. "Y ahora permanece la fe, la esperanza y el amor, estos tres; pero el mayor de ellos es el amor". (1 Corintios 13:13).

El propósito de Dios para su Iglesia, su cuerpo, aquí en la tierra, se describe en Efesios 3:17-19: "Para que habite Cristo por la fe en vuestros corazones, a fin de que, arraigados y cimentados en amor, seáis plenamente capaces de comprender con todos los santos cuál sea la anchura, la longitud, la profundidad y la altura, y de conocer el amor de Cristo, que excede a todo conocimiento, para que seáis llenos de toda la plenitud de Dios".

Para ser llenos de la plenitud de Dios, es necesario conocer el amor de Dios, y estar seguros que nos ama y que tiene cuidado de nosotros. San Pedro lo entendió al escribir, "echando toda vuestra ansiedad sobre Él, porque Él tiene cuidado de vosotros". (1 Pedro 5:7).

Estas palabras nos inspiran a seguir orando y confiando en Dios pese a las circunstancias adversas y aun cuando no podemos entender lo que está pasando. Amén.

CAPÍTULO 10

LA SANIDAD DIVINA

"Ciertamente Él llevó nuestras enfermedades, y cargó con nuestros dolores; con todo, nosotros le tuvimos por azotado, por herido de Dios y afligido. Más Él fue herido por nuestras transgresiones, molido por nuestras iniquidades. El castigo de nuestra paz cayó sobre Él, y por sus heridas hemos sido sanados". (Isaías 53:4,5).

¿Es la voluntad de Dios que seamos sanos?

La doctrina de la Sanidad Divina es tan importante que he decidido dedicar un capítulo para tratar brevemente este tema. Existe tanta ignorancia acerca de la voluntad de Dios en la sanidad, que voy a aclarar definitivamente la voluntad de Dios como lo revela en su Palabra. Es imposible orar con fe sin saber la voluntad de Dios. Podemos conocer la voluntad de Dios por la Santa Biblia, por su Espíritu Santo, y a veces por las circunstancias mismas.

En cuanto a la sanidad divina no es preciso orar: "si es tu voluntad, Señor"... porque Dios ha revelado claramente su voluntad sobre este asunto. Además de la prueba de las Escrituras, la vida y ministerio de Cristo es suficiente por cuanto vino para hacer y revelarnos la voluntad de Dios. En todas sus obras y palabras reveló al mundo la voluntad de Dios. Pedro habla del ministerio de Cristo afirmando: "Vosotros sabéis como Dios ungió a Jesús de Nazaret con el Espíritu Santo y con poder, el cual anduvo haciendo bien y sanando a todos los oprimidos por el diablo; porque Dios estaba con Él". (Hechos 10:38).

Aquí la enfermedad es clasificada como "opresión del diablo" y no de Dios. Si la enfermedad hubiera sido enviada por Dios, entonces Cristo hubiera sanado en contra de la voluntad del Padre, porque Él sanó a todos. Si la enfermedad hubiera sido enviada por Dios, entonces los hospitales serían casas de rebelión en vez de casas de misericordia. Si la enfermedad tuviera su origen en Dios, entonces los doctores y las enfermeras serían rebeldes al tratar de sanar o aliviar el sufrimiento. ¡La enfermedad ha venido por causa del pecado, como parte de la maldición de la ley! Por el sacrificio de Cristo podemos ser libres de la maldición de la ley, que incluye salvación para el alma y sanidad para el cuerpo. "Cristo nos redimió de la maldición de la ley, habiéndose hecho maldición por nosotros". (Gálatas 3:13). Dios ha prometido: "Y el Señor apartará de ti toda enfermedad". (Deuteronomio 7:15).

Por medio de los siguientes nombres redentores, El Señor nos revela su voluntad.

· Jehová-Shamma (El Señor está allí). Ezequiel 48:35.
· Jehová-Shalom (El Señor es paz). Jueces 6:24.

- Jehová-Ráah (El Señor es mi pastor). Salmo 23:1.
- Jehová-Jireh (El Señor proveerá). Génesis 22:14.
- Jehová-Nissi (El Señor es mi estandarte). Éxodo 17:15.
- Jehová-Tsidkenu (El Señor, justicia nuestra). Jeremías 23:6.
- Jehová-Rapha (Yo, el Señor, tu sanador). Éxodo 15:26.

Si Dios se reveló en la ley como el Sanador de Israel, sanando a tres millones de almas, cuanto más seremos sanados hoy en día en la dispensación de la Gracia por medio de la obra de Jesucristo. Cristo ha sido hecho maldición por nosotros, llevando en la cruz nuestros pecados y enfermedades.

"Y Él mismo llevó nuestros pecados en su cuerpo sobre la cruz, a fin de que muramos al pecado y vivamos a la justicia, porque por sus heridas fuisteis sanados". (1 Pedro 2:24).

¡Jesucristo obtuvo para nosotros la victoria sobre el pecado, la muerte y la enfermedad!

La obra de Cristo es tan completa como nuestra redención. Cuando exclamó: "consumado es", ganó para nosotros la victoria sobre el pecado, la muerte y la enfermedad. Las palabras "fuisteis sanados" revelan que, en cuanto a Dios, somos ya sanados. La sanidad y la salud nos pertenecen pues hemos sido comprados por la sangre de Cristo.

Usted no tiene que sufrir plagas o enfermedad alguna, ni debería llevar lo que Cristo ya llevó por usted. Tenemos que cargar nuestra cruz en el servicio al seguir a Cristo, pero esta cruz no es la de la enfermedad. Cuando San Pablo habló de su aguijón en la carne, en ninguna manera se refería a la enfermedad como muchos piensan. Él claramente dijo que era "un mensajero de Satanás", y no una enfermedad. Era simplemente un demonio que trajo sobre él "insultos, privaciones, persecuciones y angustias... porque cuando soy débil, entonces soy fuerte". (2 Corintios 12:10). En vez de librarle de estos insultos, de las persecuciones, etc. Dios le dio su gracia para soportarlo. Por ello, él pudo decir: "cuando soy débil, (no enfermo) entonces soy fuerte".

Debemos ser valientes y confesar firmemente nuestra fe en la Palabra de Dios. "Porque con el corazón se cree para justicia, y con la boca se confiesa para salvación" (o salud según otras versiones). (Romanos 10:10). En el pasado tuvimos que creer y confesar a Cristo como Señor para ser salvos; asimismo, hoy debemos confesar la sanidad.

En el texto de Isaías leímos: "ciertamente Él llevó nuestras enfermedades, y cargó con nuestros dolores... y por sus heridas hemos sido sanados". El profeta por los ojos de la fe declaró siglos antes de la venida de Cristo, las buenas nuevas del Evangelio. El Espíritu Santo ha declarado que "hemos sido sanados", hablando de las enfermedades físicas.

La sanidad divina

San Mateo nos ayuda a interpretar esta Escritura cuando dijo: "Y al atardecer, le trajeron muchos endemoniados; y expulsó a los espíritus con su palabra, y sanó a todos los que estaban enfermos, para que se cumpliera lo que fue dicho por medio del profeta Isaías cuando dijo: Él mismo tomó nuestras flaquezas y llevó nuestras enfermedades". (Mateo 8:16,17).

Quizás ha sido usted como el leproso que vino a Cristo sabiendo que podía sanarlo, pero con dudas acerca de su voluntad. "Y he aquí, se le acercó un leproso y se postró ante Él, diciendo: Señor, si quieres, puedes limpiarme. Y extendiendo Jesús la mano, lo tocó, diciendo: quiero; sé limpio. Y al instante quedó limpio de su lepra". (Mateo 8:2,3).

Escuche la voz del Señor cuando quitó las dudas que atormentaban la mente del leproso "quiero; sé limpio". Jesucristo sigue siendo el mismo de ayer; y quiere que usted también sea limpio y sano. No se quede sentado, sufriendo ante el estanque de Betesda. (Véase Juan 5:2,3). Cristo ha revelado su voluntad para usted: "Levántate y anda". (Véase Juan 5:8). ¡Use su fe en la Palabra de Dios, manifieste su fe en el Señor; levántese y reciba la sanidad divina ahora! "La fe sin las obras está muerta". (Véase Santiago 2:26).

Usted ha conocido la voluntad de Dios como es revelada en la Santa Biblia, ahora comience a alabar a Cristo y a bendecir su nombre. "Él es quien perdona todas tus iniquidades, él que sana todas tus enfermedades". (Salmo 103:3).

Recuerde siempre:

- Póngase del lado de Dios.
- Nunca abandone ni pierda la fe.
- Espere el milagro en su vida.

Amén.

CAPÍTULO 11

ECHANDO FUERA DEMONIOS

"Y les dijo: Id por todo el mundo y predicad el evangelio a toda criatura. El que crea y sea bautizado será salvo; pero el que no crea será condenado. Y estas señales acompañarán a los que han creído: En mi nombre echarán fuera demonios, hablarán en nuevas lenguas; tomarán serpientes en las manos, y aunque beban algo mortífero, no les hará daño; sobre los enfermos pondrán las manos, y se pondrán bien". (Marcos 16:15-18).

Multitudes sufren dolencias y enfermedades; los hospitales están siempre llenos y tratan de aliviar los males de la humanidad. Innumerables personas padecen a causa de las enfermedades mentales, los tormentos, las depresiones y las ataduras. Millones han sido separados de sus familias y de sus seres queridos, siendo encerrados en habitaciones de hospitales para enfermos mentales. Las cárceles siempre tienen sus celdas abarrotadas de los cautivos por la maldad. Los periódicos continúan alarmando al mundo a través de sus anuncios sobre homicidios, violaciones y robos. Billones de euros se gastan anualmente tratando de detener el rápido crecimiento de la delincuencia juvenil. Miserias, borracheras, pobrezas, dolencias, llantos, angustias, muertes, etc. afligen cada vez más a la sociedad. ¿Cuál es la causa? ¿Quién es el responsable principal de tanto dolor, enfermedad y miseria? La contestación es sencilla y clara: Satanás.

Desde su elevado pedestal, los ángeles caídos se han convertido en maléficos demonios, espíritus malignos cuyo propósito es "matar, robar y destruir" todo lo bueno que Dios ha creado. (Juan 10:10). Estamos enfrascados en una guerra espiritual con Satanás y sus huestes de maldad. Somos enviados para destruir sus obras, soltar sus presos, echar fuera demonios y sanar a los quebrantados por el diablo. Satanás no viene sino para matar, robar y destruir. Por el pecado que hoy prevalece en el mundo, el diablo ha podido afligir y obrar con libertad entre los hijos de desobediencia. Es una lástima que aun entre los hijos de Dios prevalezca tanta enfermedad y opresión, por causa de la ignorancia sobre este asunto. La mayoría de los enfermos mentales son el resultado de la obra de demonios. Muchas de las enfermedades son causadas por espíritus malignos enviados por Satanás. La opresión satánica es la causa principal del nerviosismo, los suicidios, las adicciones, las inmoralidades, los homicidios y las enfermedades.

Es el tiempo para que la iglesia tome la autoridad dada por Cristo Jesús y comience a hacer la guerra contra Satanás y su obra, y se levante desafiante y comience a echar fuera demonios, sanar enfermos y librar a los cautivos del diablo. Estas señales deben seguir a los creyentes como fue prometido en la Palabra.

Todo creyente tiene la divina comisión y la autoridad para echar fuera demonios y sanar enfermos. En vez de echar la culpa de nuestros fracasos a Dios, vamos a reconocer que el problema se halla en nuestra falta de fe. En vez de pensar que el plan de Dios en estos últimos días es diferente al del principio, vamos a creer literalmente lo que está escrito. Cuando los discípulos fallaron en echar un demonio, Cristo apuntó hacia su falta de fe, y les enseñó que la fe que precisaban para vencer situaciones similares vendría por medio de la oración y el ayuno.

Es tiempo que la iglesia de Cristo conozca que está combatiendo "... contra principados, contra potestades, contra los poderes de este mundo de tinieblas, contra huestes espirituales de maldad en las regiones celestes". (Efesios 6:12). Satanás tiene su obra bien organizada y todas sus huestes combaten furiosamente contra Dios y contra el bien. Dios necesita personas consagradas para la destrucción de las obras del diablo. ¡En vez de combatir los unos contra los otros, debemos unirnos contra nuestro enemigo común!

Tenemos potestad contra toda obra del diablo y la autoridad para echar fuera demonios y sanar a los enfermos en el nombre de Jesús y por el poder del Espíritu Santo. ¡Ahora levantémonos y actuemos con valentía y fe, usando el glorioso nombre de Jesucristo como arma para la liberación de los oprimidos! Vamos a tomar nuestro puesto en Cristo Jesús. Usemos la autoridad que nos ha sido dada por nuestro capitán resucitado para combatir sin descanso a Satanás. ¡Cristo vive para confirmar su Palabra! Aquel que nos envía a hacer su voluntad, es quien también nos fortalecerá para llevarla a cabo. Como sal de la tierra, hemos de preservar un mundo que rápidamente se está corrompiendo.

La causa de la enfermedad

Por la autoridad de las Escrituras, vamos a probar que la enfermedad que aqueja al mundo es la obra del diablo, causada por sus espíritus de enfermedad. La persona subyugada por la enfermedad sufre la dolencia y posteriormente la muerte; esto no procede de Dios sino de Satanás. ¡Cristo vino a darnos vida y vida en abundancia! Él vino a destruir las obras de Satanás. "Porque la ley del Espíritu de vida en Cristo Jesús te ha libertado de la ley del pecado y de la muerte". (Romanos 8:2).

San Pedro resumió así, el ministerio de Cristo: "Vosotros sabéis como Dios ungió a Jesús de Nazaret con el Espíritu Santo y con poder, el cual anduvo haciendo bien y sanando a todos los oprimidos por el diablo; porque Dios estaba con Él". (Hechos 10:38). Aquí la enfermedad es llamada "opresión del diablo"; no procede de Dios sino de Satanás, cuya obra es destruirnos al robar nuestra salud.

La enfermedad no es para la gloria de Dios; Dios es glorificado en la sanidad y la restauración. La muerte de Lázaro no glorificó a Cristo, sino su resurrección.

Espíritus de enfermedad

Tomemos como ejemplo la historia de la mujer que anduvo agobiada por dieciocho años. Cristo dijo claramente que la enfermedad no procedía de Dios sino del diablo. "Y ésta, que es hija de Abraham, a la que Satanás ha tenido atada durante dieciocho largos años, ¿No debía ser libertada de esta ligadura en día de reposo?". (Lucas 13:16). El Señor no llamó a esa enfermedad una bendición enviada para probar a la mujer, sino una ligadura de Satanás. ¡Esta ligadura había sido causada por un espíritu de enfermedad que atacaba al cuerpo!

"Y había allí una mujer que durante dieciocho años había tenido una enfermedad causada por un espíritu; estaba encorvada, y de ninguna manera se podía enderezar". (Lucas 13:11). Estos espíritus de enfermedad que proceden del diablo, atacan al cuerpo, muchas veces en lugares débiles o que han estado infectados. Cuando el poder sanador de Cristo toca al enfermo y su fe es ejercitada, el espíritu de enfermedad tiene que salir.

El hombre ciego y mudo

"Entonces le trajeron un endemoniado ciego y mudo y lo sanó, de manera que el mudo hablaba y veía". (Mateo 12:22). La ceguera de este hombre fue causada por un demonio; cuando Cristo lo sanó, el espíritu de ceguera salió y podía ver. También el ser mudo era obra de Satanás.

El mudo sanado

"Y al salir ellos de allí, he aquí, le trajeron un mudo endemoniado. Y después que el demonio había sido expulsado, el mudo habló". (Mateo 9:32,33). Aquí tenemos otro caso, probando que esta enfermedad era causada por un demonio.

El muchacho sordo y mudo

"Cuando Jesús vio que se agolpaba una multitud, reprendió al espíritu inmundo, diciéndole: Espíritu mudo y sordo, yo te ordeno: Sal de él y no vuelvas a entrar en él". (Marcos 9:25).

Aquí vemos que la sordera también era causada por un espíritu inmundo. En mi experiencia en la sanidad divina, casi todos los casos de sordera que hemos encontrado han sido causados por espíritus sordos.

Como ejemplo citaré el caso del joven sordomudo que vino a nuestra puerta pidiendo una limosna. Pertenecía a la sociedad de sordomudos y traía una libreta para dar el correspondiente recibo. Aparentemente había nacido así, y no podía oír absolutamente nada, ni hablar una sola palabra. Los sonidos que salían de sus labios parecían más de un animal que de un hombre. Mi esposa le habló del Evangelio y del poder de Dios para sanar, en el lenguaje de señas que ellos usan. Se arrodilló pidiendo que orásemos por él. Por el mandamiento en el nombre de Cristo, los demonios sordos salieron instantáneamente; entonces pudo oír claramente, aun hasta el sonido de un reloj de mano. Su mudez estaba causada por su sordera y en el nombre de Cristo recibió completa sanidad. Ahora como un niño, tuvo que aprender a hablar, pues nunca había oído sonidos. Pero sus oídos fueron completamente sanados y pudo oír claramente.

Espíritu inmundo

La inmundicia existente en el mundo es causada en muchos casos por los espíritus inmundos que poseen a sus víctimas. Un hombre poseído por este espíritu estaba en el Templo, causando disturbio y rebelión. "Y he aquí estaba en la sinagoga de ellos un hombre con un espíritu inmundo, el cual comenzó a gritar, diciendo: ¿Qué tenemos que ver contigo, Jesús de Nazaret? Jesús le reprendió, diciendo: ¡Cállate y sal de él! Entonces el espíritu inmundo, causándole convulsiones, gritó a gran voz y salió de él". (Marcos 1:23-26).

El demonio habló a través de los labios del poseído infeliz porque al ver al Señor se atemorizó de ser echado fuera. Los demonios necesitan un cuerpo donde entrar para poder expresar sus obras satánicas. Su carácter satánico se mostraba y manifestaba a través de este hombre. En el caso de "Legión", los demonios le rogaron a Jesús que no los echara fuera de aquel lugar, sino que los enviara a una gran piara de cerdos. (Véase Marcos 5:12).

El ministerio de Cristo rebosaba autoridad para liberar a los poseídos por los demonios. La Biblia menciona en numerosas ocasiones, su trabajo echando fuera demonios. "Porque había sanado a muchos, de manera que todos los que tenían aflicciones se le echaban encima para tocarle. Y siempre que los espíritus inmundos les veían, caían delante de Él y gritaban, diciendo: Tú eres el Hijo de Dios". (Marcos 3:10,11). Los discípulos también conocían su autoridad porque estaba escrito de ellos: "Y echaban fuera muchos demonios, y ungían con aceite a muchos enfermos, y los sanaban". (Marcos 6:13). Ellos siguieron con el ministerio de liberación y sanidad.

Este poder es para usted también; es el poder del Espíritu Santo dado al que se consagra a Dios y conoce su autoridad en Cristo. Las palabras de Cristo son nuestra autoridad y poder hasta el fin del mundo: "Mirad, os he dado autoridad para hollar serpientes y escorpiones, y sobre todo el poder del enemigo, y nada os hará daño". (Lucas 10:19).

Esta comisión es para usted también, si puede pagar el precio de orar y santificarse. "Reuniendo a los doce, les dio poder y autoridad sobre todos los demonios, y para sanar enfermos". (Lucas 9:1).

Las multitudes esperan liberación y sanidad. ¿Irá usted a llevarles el poder de Dios para liberar sus vidas? Dios quiere enviarle y el poder de Dios le será dado si así lo puede creer. El Espíritu del Señor vendrá sobre usted "... para proclamar

libertad a los cautivos, y para poner en libertad a los oprimidos". (Véase Lucas 4:18). Usted puede tener potestad sobre toda fuerza del diablo. También puede sanar enfermos y echar fuera demonios. ¡Busque el poder de Dios; millones le esperan! Cristo le ha enviado a llevar su Palabra en plenitud y poder. ¡Las señales deben seguir a su ministerio, como a los apóstoles en los días pasados! La Iglesia necesita este ministerio como nunca; el mundo espera la manifestación de los hijos de Dios. Él nos ha llamado para tres propósitos: Estar con Él, predicar el evangelio, y tener potestad de sanar enfermedades y de echar fuera demonios. (Véase Marcos 3:14,15).
Amén

AUTOR

En el año 1950 Dios conmovió el corazón del autor, Daniel Del Vecchio, bautizándolo y dándole poder con el fuego del Espíritu Santo. Dios lo llamó a predicar su Santa Palabra exaltando el nombre del Señor Jesús, sanando y liberando a muchas almas de los países de habla hispana.

Desde un pequeño pueblo en los Estados Unidos, Daniel comenzó ministrando en su finca y barrios cercanos a los obreros pobres de Puerto Rico. Luego el Señor lo llamó, y teniendo que dejar su trabajo de albañil, fue enviado a Cuba donde vivió por la fe dependiendo totalmente del Señor para su sostenimiento. Con sacrificio y pobreza se entregó a un solo propósito: obedecer a Dios, revelando y glorificando el bendito nombre de su Hijo con la unción del Espíritu Santo. Dios confirmó su ministerio con numerosos prodigios y milagros, llegando a establecer siete iglesias en Cuba.

En 1960 conoció a Rhoda y se casó con ella. Juntos fueron a México donde el Señor los dirigió a iniciar campañas de evangelismo alquilando lugares públicos. Dios confirmó nuevamente su Palabra con señales y maravillas, de forma aún más poderosa, y como resultado estableció nuevas iglesias. El Espíritu Santo nos dio una nueva victoria, liberando y sanando al pueblo mexicano con manifestaciones de su poder y su gloria, de tal manera que sintió la gran necesidad de una enseñanza escrita, simple y completa. El hermano Daniel Del Vecchio escribió este libro: "El Espíritu Santo y su obra" para las iglesias de México.

En 1964 enviados por Dios llegaron a Málaga (España) donde aún no se habían producido "las bendiciones" del bautismo del Espíritu Santo y sus poderosas manifestaciones. Pese al humilde comienzo, el hermano Daniel como Apóstol, fue implantando en España la enseñanza del presente libro, siendo enviado a ministros de muchas iglesias, anunciando las buenas nuevas para su bendición y edificación, capacitándolos para establecer el gobierno de Dios en el nombre de Cristo Jesús.

En los años que llevamos en España, Dios ha respaldado con sus grandes bendiciones estas enseñanzas basadas en las Sagradas Escrituras. Esperamos que las mismas señales y prodigios sigan a todos los que creen y son instrumentos obedientes al "Espíritu Santo y su obra".

Rhoda Del Vecchio. Octubre de 2014.

Made in the USA
Middletown, DE
04 June 2023

32050455R00102